CORREIO
DO ALÉM

CB016878

 Editora EME CEU

Solicite nosso catálogo completo, com mais de 350 títulos, onde você encontra as melhores opções do bom livro espírita: literatura infantojuvenil, contos, obras biográficas e de autoajuda, mensagens espirituais, romances, estudos doutrinários, obras básicas de Allan Kardec, e mais os esclarecedores cursos e estudos para aplicação no centro espírita – iniciação, mediunidade, reuniões mediúnicas, oratória, desobsessão, fluidos e passes.

E caso não encontre os nossos livros na livraria de sua preferência, solicite o endereço de nosso distribuidor mais próximo de você.

Edição e distribuição

EDITORA EME
Caixa Postal 1820 – CEP 13360-000 – Capivari-SP
Telefones: (19) 3491-7000 | 3491-5449
Vivo (19) 9 9983-2575 ☺ | Claro (19) 9 9317-2800
vendas@editoraeme.com.br – www.editoraeme.com.br

FRANCISCO CÂNDIDO XAVIER
EMMANUEL E ESPÍRITOS DIVERSOS

CORREIO DO ALÉM

Capivari-SP
– 2019 –

A Editora EME mantém o Centro Espírita "Mensagem de Esperança" e patrocina, junto com outras empresas, a Central de Educação e Atendimento da Criança (Casa da Criança), em Capivari-SP.

4ª edição – 1ª reimpressão – outubro/2019 – de 25.001 a 28.000 exemplares

CAPA | André Stenico
DIAGRAMAÇÃO | Marco Melo
REVISÃO | EME

Ficha catalográfica

Cândido Xavier, Francisco, 1910-2002
    Correio do Além / Francisco Cândido Xavier – 4ª ed. – 1ª reimp. out.
2019 – Capivari, SP : Editora EME.
    208 p.

    1ª ed. 1983
    ISBN 978-85-66805-85-7

    1. Espiritismo. Mediunidade . 2. Cartas psicografadas.
    3. Relatos do pós-morte. 4. Depoimentos e mensagens do Além.
    I. TÍTULO
                            CDD 133.9

Sumário

CORREIO DO ALÉM

ACEITANDO O IMPERATIVO DA divulgação de páginas de amor e esperança, paz e bom ânimo nos caminhos da Terra, em que milhares de criaturas desfalecem, à míngua de fé em Deus e fé na vida, oferecemos aos companheiros do mundo os textos simples deste livro despretensioso, constituído por mensagens diversas de entes queridos, endereçadas do Plano Espiritual a corações amigos, domiciliados no Plano Físico.

Aqui temos informações e apelos, notícias e diretrizes, disseminando bênçãos e consolações de alto sentido para a nossa própria renovação íntima.

Submetendo, assim, o presente volume à

consideração dos leitores, que nos concedem a honra de acompanhar as nossas contribuições, nas faixas evangélicas da doutrina espírita, apresentando comunicados de companheiros, hoje na Vida Maior, identificados por familiares e amigos que deixaram na vida física, pedimos ao senhor Jesus nos permita manter a seara de fé suscetível de sustentar a confiança dos nossos irmãos no mundo, confiança em Deus e em si mesmos, em nosso próprio benefício, agora e sempre.

Emmanuel

Uberaba, 2 de junho de 1983

Depoimentos e mensagens do Além

ARMANDO PINHO

Dados Biográficos

Armando Pinho, nascido em 28 de fevereiro de 1951, filho de Norma dos Santos Pinho e Zeferino Alvarez de Pinho, desencarnou em 21 de novembro de 1980, apenas 2 meses antes que a mesma moléstia levasse seu avô materno, João dos Santos.

Após 1 ano e 2 meses, comunicou-se através de um recado por um amigo espiritual e, menos de um mês a seguir, ele próprio enviou a mensagem a seus pais.

Depoimento

Sua mãe, dona Norma, declara:

– Foi uma noite maravilhosa. Havia um fundo musical e enquanto nosso Chico trabalhava, ouvi Armando dizer: 'mãe estou aqui.' Mantinha-me em prece, pois precisava dessa mensagem.

MENSAGEM

QUERIDA MÃEZINHA NORMA, ESTOU aqui. A vó Irene[1] me trouxe a fim de solicitar-lhe tranquilidade e fé viva em Deus.

As suas lágrimas, querida mamãe, ainda me alcançam como que inflamando de sofrimento as minhas fibras mais íntimas do espírito e compreendo a sua angústia.

Não se julgue culpada, em momento algum, quanto à situação difícil que se estabeleceu, em torno de seu filho doente.

Creia que estimaria unir as suas mãos com as mãos do papai Zeferino, para que estivéssemos todos juntos nos momentos em que a minha despedida do corpo se aproximava...

Infelizmente, as energias me faltavam para tanto. Minha vontade era uma alavanca inerte, diante do meu pensamento que esmorecia cada vez mais por dentro de mim. Peço aos pais que-

---

1. Irene – avó desencarnada

ridos para que continuem querendo bem a mim, criando a paz em derredor de nossas recordações.

Transferido para a casa da tia Dalita[2], era como se estivesse com a tia Esther[3], com a tia Dora[4], ou com a tia Wilma[5], assim supunha eu, nos instantes em que somente me cabia obedecer. Meu pai sempre me desejou unicamente o bem e você, mãezinha Norma, foi sempre o meu refúgio de compreensão e de alívio.

Entre um e outro, me reconhecia entre duas forças iguais no amor que nos reunia e ainda nos reúne uns com os outros. Peço-lhe, por isto, para que não se lastime e nem se conturbe. Aceite mamãe, quanto digam acerca dos fatos em que se nos desenrolaram os dias da vida e não se aborreça. As tias queridas sabem quanto amamos nós a todas elas e se venho até aqui, junto à vovó Irene, é o anseio de serenidade que me impulsiona.

---

2. Dalita – tia paterna
3. Esther – tia materna
4. Dora – tia materna
5. Wilma – tia materna

Serenidade para a nossa família que ambos os lados é constituída de corações afetuosos e leais.

Agora, temos conosco o vovô João[6] que voltou à vida espiritual, logo depois do meu regresso. Naturalmente, ele se encontra qual me vi, a princípio, lutando de certo modo, a fim de se realizar no refazimento espiritual preciso, e esperamos tê-lo valoroso e calmo, amparando--nos a certeza de que nos pertencemos uns aos outros, sem desunião e sem desarmonia. Assim espero. Quanto a mim, pode estar na tranquilidade que lhe pedi, sempre. Sinto-me fortalecido e sei que melhorarei com as suas melhoras espirituais.

Querida mãezinha Norma, creia: não seria eu feliz sem vê-la igualmente feliz e penso que todos os nossos precisam saber quanto amor e quanta dedicação recebi sempre de seu carinho.

Acalmemo-nos e entreguemos as nossas inquietações à fé em Deus. Minhas lembranças

_____

6. João dos Santos – avô materno, desencarnado

com o respeito de todos os dias ao papai e a todos os nossos familiares.

E, crendo haver dissipado qualquer nuvem que esteja pesando em nosso ambiente doméstico, beijo-lhe as mãos queridas, desejando paz a todos os corações queridos, ao mesmo tempo que lhe rogo reter comigo todos os pensamentos de amor, carinho, gratidão e apreço do seu filho sempre mais seu,

Armando Santos de Pinho

12 de fevereiro de 1982

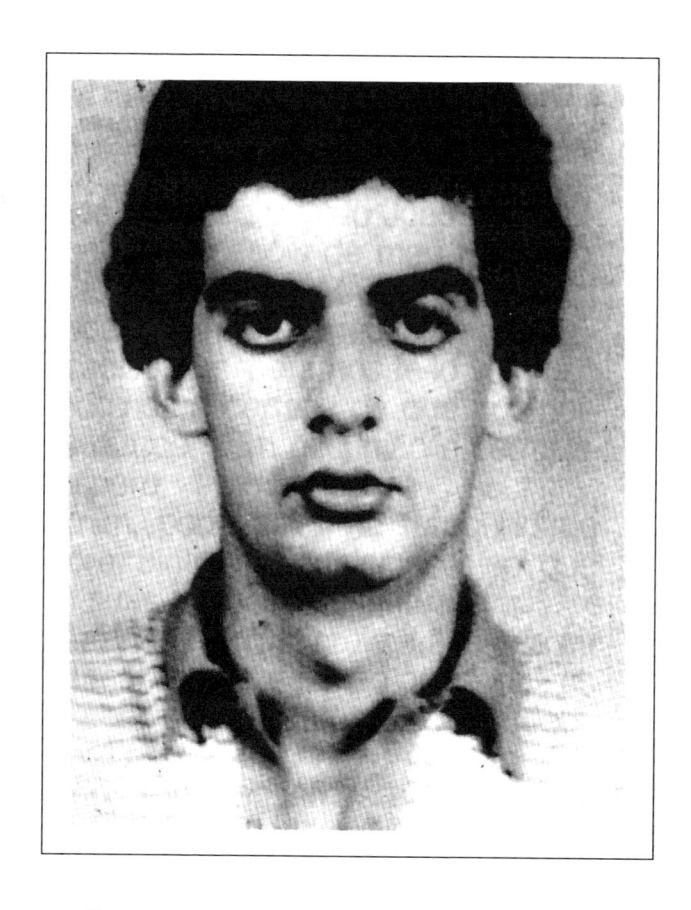

CARLOS ALBERTO DOS SANTOS DIAS

DADOS BIOGRÁFICOS

CARLOS ALBERTO DOS SANTOS Dias voltava de um jantar com amigos em São Lourenço, Minas Gerais, na noite de 19 de junho de 1981 quando seu automóvel bateu de encontro a uma árvore na região de Pouso Alto, ocasionando sua passagem para o plano espiritual. Nascido no dia 1º de abril de 1958, este jovem de 23 anos, filho de Adelaide e Antero dos Santos Dias, estudante de engenharia (Faculdade de Engenharia de São Paulo), enviou mensagens à sua família, reconfortando-os e relatando sua experiência.

Depoimento

Não éramos espíritas, mas recorremos ao irmão Chico Xavier à procura de consolo. Minha esposa, muito católica, relutou a princípio. Porém, foi um encontro maravilhoso. Após o recebimento destas mensagens de nosso filho, nossa perspectiva da vida transformou-se. Frequentamos o Evangelho no Lar na casa dos amigos Wilson e Chiquinha Dellalio, pais do jovem Eduardo,[7] e mantemos contato constante com Uberaba.

Antero dos Santos Dias

---

7. Eduardo Ruiz Dellalio – vide pág. 45

1ᴬ MENSAGEM

QUERIDA MAMÃE ADELAIDE E querido papai Antero, peço-lhes me abençoem. Que a morte é uma sombra ilusória, está claro com a minha presença aqui.

Estávamos tão acomodados com nossa conversação que o Maurício[8] e eu nos sentimos atropelados pelo tronco rigoroso, que nos estragou o corpo e a máquina inevitavelmente.

Trocamos de caminho pela inexperiência da região, mas, no fundo, penso eu que a nossa promissória com a desencarnação estava no sítio em que fomos parar e não no lugar que nos seria próprio.

Dedicados amigos nos recolheram, com certeza informados de que seria ali o nosso ponto de encontro.

Acho que o acontecimento foi grande demais para ser descrito. Se uma bomba nos ful-

---

8. Maurício José Bassi – amigo desencarnado no mesmo acidente

minasse, a meu ver, o nosso espanto não seria tão grande. Quis socorrer o Bassi, mas onde a energia para isso? Não dispunha de forças senão para uns restos de pensamentos que dediquei à oração, pedindo a proteção de Deus. Tive a ideia de que minha vida era uma vela acesa que se apagava devagarinho, sem que me fosse possível reavivar a chama. Refleti nos pais queridos, em nossos Arnaldo[9] e Antero Júnior[10], mas tudo se me abateu na memória qual se me visse num sonho, sem acreditar na realidade. Dormi pesadamente e creio que muito tempo depois acordei na casa de apoio espiritual que me pareceu um pouso de emergência para acidentados. Chamei pela família com a exigência de um cliente que se reconhecia com retaguarda forte para saldar qualquer débito,

9. Arnaldo – irmão
10. Antero Júnior – irmão

quando vi com surpresa a aparição da criatura afetuosa que me atendeu com paciência.

Declarou-me ser a vovó Maria[11] e, pela inflexão doce daquela voz, notei que ela parecia ignorar a agressividade de minhas reclamações. Vim a saber que a realidade não era o sonho que mentalizara de começo.

Consciente de minha situação nova, passei a viver com o choro da mãezinha Adelaide e com as exclamações dos nossos familiares queridos.

Tenho procurado tomar pé em minha travessia de uma existência para outra e assim busco me adaptar aos deveres que me cabem aceitar.

A estação de águas ficara longe e tudo que fora meu, ou supostamente meu, já não mais me pertence e rogo aos pais queridos me auxiliarem com atitudes e ideias que me fortaleçam.

Ainda não tenho disposição para falar como seria de desejar, porque os meus grilos por enquanto não são poucos, mas, de qualquer modo,

---

11. Maria Pereira – bisavó materna

estou me sentindo aliviado com a possibilidade de comunicar-lhes estas minhas impressões.

Peço para que me sintam forte e calmo para vermos se esse exercício pode me conferir a energia e a serenidade de que ainda estou carente e abracem os irmãos por mim.

Mãezinha e querido papai, desculpem se lhes falo com a insegurança que ainda me caracteriza; sei que vou melhorar e esbanjarei as boas notícias. Creio que a informação de que permaneço vivo é uma dessas pintas felizes do noticiário.

Lutando, mas vivendo, restaurando-me, mas seguro de mim mesmo, recebam os dois um beijão do filho muito agradecido,

Carlos Alberto dos Santos Dias (Beto)
2 de outubro de 1981

2ᴬ MENSAGEM

QUERIDA MÃEZINHA ADELAIDE E querido papai Antero, insisti sem desistir, na solicitação de uma ponta de tempo em que lhes possa trazer alguma notícia e aqui estou com o meu reconhecimento pelas lembranças do aniversário. A nota real no assunto é que nos acanhamos de comentar festas, mesmo íntimas, sob o cerco das provas e lutas que nos rodeiam.

Creiam que não me esqueci e aproveito o ensejo para afirmar-lhes, extensivamente aos que nos ouvem, que a morte é um primeiro de abril bem bolado.

Quando a criatura pensa que dorme e descansa, ei-la que se ergue, pressionada pelas realidades da vida a fim de agir e servir em ritmo mais ligeiro para que a inércia não nos anestesie a atenção. Alguém perguntou o motivo pelo qual o Maurício e eu fomos encontrados pela terrível visita ou fomos nós encontrá-la em caminho trocado, quando não deveríamos distanciar de rota no traçado de nossa viagem... Indagação esquisita, porque os chamados mortos fomos nós dois e não quem nos questiona.

Penso, porém, nas várias pessoas reunidas aqui recordando entes queridos que se reconheceram transladados de um plano de vida para outro plano de existência e lembro-me de pequena história que possui alto sabor de verdade na significação com que se apresenta:

Conta-se que certo rapaz recebeu um aviso da morte que lhe anunciava o momento certo em que o buscaria na fazenda paterna. Assustado, o moço que demonstrava muito aprumo na presença pessoal, resolveu escapulir.

Antes do dia aprazado se desfez da barba que lhe imprimia mais aprumo e mais elegância, trocou o traje habitual vestindo-se pobremente e, descalço, demandou pequeno sítio de um amigo no qual se pôs a carpir o solo, à feição de um assalariado qualquer. Na data previamente anunciada, retirou-se mais cedo para o campo dando duro para mostrar-se cansado e suarento.

No instante marcado, porém, a morte lhe apareceu e indagou sobre um rapaz finamente barbeado que devia estar justamente por ali segundo informações que recolhera. O rapaz, aparentando uma serenidade que estava longe de sustentar por dentro, respondeu cortesmente que não conhecia ali ninguém nas condições que a ceifadora de vidas mencionava e acrescentou que ali se encontrava ele apenas, manejando a enxada com que se dispunha a conquistar o pão de cada dia; mas a morte, conquanto aparentasse igualmente que ouvia a verdade, afagou-lhe o ombro e explicou:

– Está bem, meu rapaz, já que não encontrei quem me devia atenção e presença, julgo prudente levar comigo você mesmo.

E o moço, sem qualquer reclamação, foi compelido a se descartar do próprio corpo na hora a fim de seguir-lhe a direção, pisando-lhe no próprio rastro a caminho do mundo diferente que não poderia enganar.

Aí fica a minha resposta a quem me pergunte

por que teria encontrado o fim de minha curta existência em estrada que não me fora indicada ao percurso.

Se esta história serve, pode a nossa palavra simples consolar os corações saudosos que interpelam a vida quanto às razões da desencarnação imprevista dos amados.

E com isso, envio as minhas lembranças ao Dilé e ao Arnaldo. O Maurício, em nossa companhia, se faz lembrado aos queridos pais com um sorriso de felicidade pelo nosso reencontro. A vovó Maria Pereira e o vô Manoel[12] lhes deixam saudações repletas de afetuosas saudades e eu, a lembrar e a esquecer o natalício que passou, rogo à mãezinha Adelaide e ao papai Antero receberem muitos beijos do filho agradecido,

Carlos Alberto dos Santos Dias (Beto)
17 de abril de 1982

---

12. Manoel dos Santos Dias – avô materno

3ᴬ Mensagem

Queridos pais Antero e Adelaide abençoem-me. Aqui é apenas um bilhete para expressar-lhes os meus votos de felizes Bodas de Prata. Venho com o Maurício[13] e outros amigos unicamente para explicar-lhes que não estou esquecido. Um grande abraço aos irmãos[14], com muitas lembranças especiais ao nosso querido Dilé. Um apelido é sempre uma forma de esperar a identificação da gente e por isso fico nessa. Muitas saudades e abrações do filhote que não se esquece do ninho,

Carlos Alberto dos Santos Dias (Beto)
10 de setembro de 1982

---

13. Maurício José Bassi – companheiro de Beto
14. Antero dos Santos Dias Júnior (Dilé) e Arnaldo dos Santos Dias

CARMEN LATORRE

Dados Biográficos

Carmen Galves Latorre, nascida em São Paulo no dia 15 de agosto de 1928, era alegre e comunicativa e desde 1957 trabalhava pelo espiritismo. Após sua desencarnação, a 2 de junho de 1979, Carminha enviou, no dia 30 de maio de 1980, uma longa mensagem psicográfica dirigida a seu marido Savério Latorre, fundador e presidente do Grupo Espírita Batuíra, e a seus parentes e companheiros.

DEPOIMENTO

GOSTARIA DE EXTERNAR TODA minha gratidão e reconhecimento ao querido irmão Francisco Cândido Xavier, de quem recebi, através de sua mediunidade, a carta enviada pela minha querida esposa e companheira, Carminha.

Savério Latorre

MENSAGEM

Savério, Deus nos abençoe. Este é um grande momento. Depois de haver conversado através do nosso Spartaco, venho à escrita, tentando agradecer pelas mãos de nosso estimado Chico.

Tudo é tão diferente e tão imprevisto, que não tenho facilidade para começar esta carta.

Ainda assim, estou sendo auxiliada e não devo desistir.

Agradeço ao Spartaco e à Zita, ao Douglas e Rosalina, ao Gino e Ana[15], incluindo a todos de nosso querido Grupo Espírita Batuíra pelo auxílio que me estendem para que me sinta eu mesma.

Quando me aproximei de vocês, não consegui alterar a sensação de alegria que me reservavam com a possibilidade de falar pelo nosso amigo Spartaco.

---

15. Spartaco, Zita Ghilardi, Douglas, Rosalina M. Belini, Gino e Ana Segundo – companheiros do Grupo Espírita Batuíra

Hoje, porém, desejo concentrar-me interiormente de modo a fixar com mais firmeza a gratidão que sinto por todo o bem que me fizeram. Os últimos dias, Savério, foram de grandes dificuldades. Perdoe-me se fui perdendo a resistência. As dores foram crescendo e a calma diminuiu... Por fim, já orava pedindo aos amigos espirituais que me trouxessem o descanso. No íntimo, você estava em meu pensamento, na figura da âncora que ainda me prendia à Terra ou à nossa casa.

Numa enfermidade grave, hoje penso que vamos eliminando todos os motivos para o apego ao mundo e apesar dos vínculos que me guardavam o coração na família, você representou, por fim, a razão para que eu lutasse por permanecer.

Desculpe a companheira pelas impaciências e gemidos... Felizmente, quando me coloquei na aceitação total dos desígnios de Deus, adormeci à feição da criança que se refugia no regaço da mãe... E não me enganara. Despertei sob ternura da mamãe que me conservara entre os braços e me pedia coragem e paciência... A princípio, não compreendi bem se sonhava ou se me achava em alguma ilusão que não conseguia repelir. Minha fraqueza era muito grande. Deixei-me ficar onde estava, sem opor resistência. Bastava-me naquela hora pensar que voltava à infância sob o carinho de minha mãe.

Não dava a situação para que eu fizesse muitas reflexões, no entanto, em certo momento, no recanto em que me achava, escutei a voz forte do Spartaco na prece em que pedia às irmãs Dolores[16] e Daniela[17] me recebessem... Compreendi que a transformação se realizara. A sensação de alívio que eu experimentava me dizia que me achava em outro corpo, mas não dispunha de energia para demonstrar qualquer espanto.

Minha mãe me aconselhou repouso e dormi novamente para acordar em um lar de bênçãos,

16. Dolores Sanches Galves – falecida em 19 de setembro de 1942
17. Daniela Blasques Moreno – falecida em 1978

no qual reencontrei não apenas minha mãe com mais segurança de raciocínio, mas principalmente a querida Maria Mádia[18], a sua irmã que sua mãe, nossa irmã Ana[19], me apresentou, não como filha, mas na condição de mãe dos nossos filhos que ela deixara no mundo. Encontrei a presença de nossa Daniela que a prece do Spartaco mencionara, revi a presença do irmão Ulisses[20] e de outras criaturas amigas que não se pode esquecer.

Tudo estava de novo em paz. Entretanto, veio a saudade trazendo você no centro de tudo, a nossa Ana Mádia [21] e os netos. As palavras do Juninho, do Eduardo e do Fábio[22] voltavam aos meus ouvidos.

O Chico e a Nena, o Pedro e a Anastácia, a Quina e o Luiz[23], os sobrinhos todos, o Pedro

---

18. Maria Mádia Latorre – cunhada falecida em janeiro de 1926
19. Ana Manquize Latorre – mãe de Savério, desencarnada em 2 de agosto de 1962
20. Ulisses José Martins – diretor do Grupo Espírita Batuíra, desencarnado em 1978
21. Ana Mádia Latorre Barreiros – sua filha
22. Júnior, Eduardo e Fábio Barreiros – seus netos
23 Francisco, Encarnação Galves, Pedro, Anastácia Galves, Joaquina e Luiz Latorre – irmãos e cunhados

Luiz e o Luiz Alberto, o José Francisco e a Rose[24], a nossa Ana Mádia e todos os corações que se ligaram aos nossos...

Quem conseguiria evitar as minhas lágrimas? Lembrei-me do Hamilton[25] e de todos os que Deus nos concedeu para companheiros de escola na Terra e minha mãe permitiu que eu chorasse quanto quisesse, porque minhas lágrimas eram de amor e de ausência, sem que nenhuma rebeldia me tirasse os sentimentos. Todos os companheiros do Batuíra, a começar de nosso Spartaco, estavam em minhas lembranças... A saudade de todos me tomava o coração...

Mas uma grande alegria estava guardada para mim. Naquela sala em que me achava, vieram ter alguns dos nossos irmãos de Brasilândia[26] a me oferecerem boas-vindas... Então compreendi que não podia parar em meus sentimentos pessoais e

24   Pedro Luiz, Luiz Alberto Galves, José Francisco Galves e Roseli Galves Marques de Oliveira – sobrinhos – filhos dos irmãos Pedro Galves e Francisco Galves, respectivamente
25   Hamilton Barreiros – genro
26   Brasilândia – local de trabalho em assistência social

sim refazer-me para trabalhar e ser útil. Depois de alguns dias, pude regressar ao nosso Grupo e rever amizades, agora na condição dos amigos que, em outros tempos, eu desejava tanto rever, sem que os olhos físicos me ajudassem.

Agradeço a todos os irmãos que oraram em meu favor e a todos da família, sem me esquecer de nossas irmãs Vitória, Maria, Ana, Lucrécia[27], e, todos que eram, para nós, os portadores da paz e da felicidade.

Não quero esquecer a Ana Maris[28], de nossa Quina e nosso Luiz, conquanto a lista esteja crescendo. Desejo, porém, esclarecer que não estou desmemoriada e que preciso ser reconhecida.

Savério: diga à nossa filha que a paciência de mãe é uma luz em casa e, por isso, rogo a Deus para que ela esteja sempre compreensiva e calma. Em todos os lares do mundo existem problemas e unicamente através dos problemas é que

27 Vitória de Lucia Latorre, Maria Juliane Latorre, Ana Danieli Latorre
    e Lucrécia Taranha Latorre – cunhadas
28 Ana Maris Latorre – sobrinha, filha da irmã Quina

conseguiremos aprender o que se deve fazer e como fazer. Jesus abençoará a nossa Ana Mádia e o Hamilton com os nossos netos queridos, para que a paz e a alegria estejam sempre conosco.

Sei que você não conseguiu se habituar com o apartamento dentro da nova situação, permanecendo com a nossa filha, mas se posso pedir a você alguma coisa, rogo a você conservá-lo. Compreendo que as esposas na Vida Espiritual, quando se entregam à fé em Jesus, se transformam em mãe dos esposos que ficam. Desse modo, peço em minhas orações para que você encontre uma readaptação que nos permita utilizar o nosso ambiente com o carinho de sempre.

Envio a todos os irmãos e a todos os companheiros do nosso Batuíra, muitas lembranças. Para fazer algum sorriso em Ana, Rosalina e Neide[29] quero dizer a elas que o chocolate em Brasilândia, nos dias muito frios, era mesmo o recurso para garantir o trabalho. Ninguém julgue,

---

29 Neide Gandolfo Oliva – companheira do Grupo Espírita Batuíra

porém, que houvesse, de minha parte, esqueci-do os meus regimes. De chocolates só me servia mesmo era o aroma, porque os pratos frios eram rigorosamente meus e eu sabia disso. Tudo está bem e se voltei naquele princípio de junho, é que o meu tempo era realmente chegado.

Continuar a conversa seria o melhor para mim, mas preciso terminar. Repito, sem escrever todos os nomes queridos de nossa família e do nosso Grupo, o meu abraço de muita saudade e reconhe-cimento. Ainda um trecho que não posso esquecer. Parabéns à Rose e ao Manoel[30], pelo casamento que assisti, pedindo a Jesus os abençoe sempre.

E para você meu caro Savério, esposo e ami-go, o coração reconhecido de sua,

Carmen Galvez Latorre
30 de maio de 1980

---

30 Manoel Antonio Marques de Oliveira – casado com sua sobrinha Roseli

EDUARDO RUIZ DELLALIO

DADOS BIOGRÁFICOS

EDUARDO RUIZ DELLALIO, SEGUNDO filho de Francisca e Wilson, nasceu no dia 16 de outubro de 1962, em São Paulo.

Devido a um problema de incompatibilidade sanguínea com o fator RH materno, recebeu uma transfusão total de sangue logo após seu nascimento, graças à qual conseguiu sobreviver. Por este motivo, o casal não conseguiu ter mais filhos e viviam exclusivamente em função deste único descendente, pois a primeira filhinha do casal desencarnara ao 7 meses de idade.

Eduardo, cujo esporte favorito era futebol, foi sempre muito alegre e cheio de vida, canalizando a esperança e trazendo muita felicidade a seus pais, tendo ingressado aos 17 anos no curso de Administração de Empresas da Faculdade Álvares Penteado.

Partiu para o plano espiritual em 23 de junho de 1980, devido a um acidente de moto.

Após 4 meses de sua ausência, Eduardo enviou a primeira de várias mensagens a seus pais. Vejamos como sua família recebeu estes comunicados:

DEPOIMENTO

APESAR DE NOSSA FAMÍLIA e do próprio Eduardo sermos adeptos da doutrina espírita há 12 anos, praticantes do Evangelho no Lar semanalmente, a partida deste filho foi um choque terrível e insuportável para nós. Partiam com Eduardo todos os nossos planos e esperanças.

Neste clima de desespero, aflição e saudades, vivemos até o dia 16 de outubro de 1980, quando resolvemos procurar Chico Xavier em Uberaba.

Na noite de 18 de outubro de 1980, 4 meses após a partida de nosso filho Eduardo, recebemos surpreendentemente sua primeira mensagem, prova irrefutável da continuidade da vida.

Graças a esta mensagem e às demais que se seguiram, estamos hoje convictos de que nosso filho querido e amado continua vivo, estudando e trabalhando no plano espiritual, em benefício de irmãos encarnados e desencarnados.

Francisca e Wilson Dellalio

1ᴬ Mensagem

Querido papai Wilson e querida mamãe Chiquinha, espero que me abençoem com o carinho de sempre...

Meu tio José Dellalio[31] está me servindo de condutor neste instante em que lhes dirijo a palavra.

Estou, ainda, na condição de quem está acordando de um sono muito longo.

A luta por minha recuperação tem sido trabalhosa porque, na realidade, eu não queria ter vindo...

Sei que estou refeito, que penso com a minha cabeça, que sou eu mesmo e que as minhas lembranças estão corretas, mas ainda não me aceitei, de todo, dentro da nova situação, embora seja isso necessário.

Pai, seu carinho entende o que digo. Estava pensando em férias, sem qualquer sombra nas ideias, quando o choque me surpreendeu...

---

31 José Dellalio – tio paterno

Ao cair, por alguns minutos, estive sem ação, um tanto baratinado, entretanto, em seguida, vi e ouvi quanto se fazia comigo e em torno de mim. Escutava as aflições da mamãe e as palavras que se pronunciavam sobre o acidente de que fora vítima, qual se meus ouvidos fossem transportados para o lugar, onde se pronunciava o meu nome. Sentia dores, contudo, o que mais me incomodava era a incapacidade de assumir conversação ou de opinar em meu próprio caso...

Lutei para ficar aceitando os tratamentos indicados, no entanto, já não dispunha de meios para falar e mover-me, quando e como queria...

Desejei tanto confortá-los, explicando que a moto não fora culpada de qualquer erro havido, mas apenas conseguia chorar por dentro de mim próprio.

Quando as minhas dificuldades se faziam maiores, naquele conflito entre admitir ou não a mudança que eu pressentia, via uma senhora de rosto simpático ao meu lado, a dizer-me que devia aceitar os desígnios de Deus e aceitar as mãos que ela me estendia...

Incapaz de sustentar a luta em que me via, compreendi que meu problema não dispunha de outro caminho para se deslocar de minha inquietação. A senhora me solicitou chamá-la por vó Francisca e amparado por ela que orava, em meu favor, adormeci...

Desse sono profundo é que despertei desconhecendo quanto tempo estive naquela inércia de sonho...

A vovó Francisca[32], me trouxe à presença do tio José e com ele reconheci que me haviam escorado na travessia da viagem para a minha nova existência. De começo rebelei-me, como era natural, mas, pensando na bondade de Deus, gradativamente, entrei na aceitação de que necessito.

Papai e mamãe: sou muito grato por tudo o que fazem em meu favor.

---

32 Francisca Molina – bisavó materna

Graças a Deus, conquanto esteja no choro, não posso me queixar, porque se sofri a separação de improviso, sem qualquer recurso para me defender, venho encontrando amparo e socorro para melhorar-me.

Rogo à querida mamãe Chiquinha não chorar sobre os retratos ou lembranças que me recordem.

Mãe querida, choremos de agradecimento e de alegria, porque a bondade de Deus jamais nos esquece. Estou refazendo forças. Peço não se aborrecerem com a moto, porque qualquer máquina nos reflete. A companheira de ganha-tempo não teve culpa. Aliás, a culpa não entrou em nossas cogitações, porque em qualquer desastre, ao que reconheço agora, as leis de Deus têm o nome de acaso. Deus sabe melhor o porquê de nossas saudades.

Auxiliem-me na pessoa dos jovens esquecidos ou desanimados.

O que puderem fazer por eles, em matéria de benefício, é a mim que o farão. A bondade para com os outros é a melhor forma de estima e de apreço que somos capazes de mostrar aos que voltam para cá e que permanecem vinculados aos nossos corações. Ajudem-me, ajudando aos outros.

Penso nisso com muita vontade de que isso aconteça para que me recupere mais depressa. Perdoem-me se termino aqui as minhas notícias.

O tio me recomenda não forçar os recursos de que já consigo me aproveitar para lhes trazer um pedaço de meu coração e de minhas saudades.

Com muita gratidão a todos os nossos, reúne os pais queridos, num abração de muito carinho, o filho muito reconhecido e que confia em Deus, no sentido de crescer em novos conhecimentos, a fim de auxiliá-los, retribuindo, de algum modo, todo o bem que me fizeram.

Sempre o filho e amigão que não os esquece, sempre reconhecidamente,

Eduardo – Eduardo Ruiz Dellalio
18 de outubro de 1980

2ª Mensagem

Querida mãezinha e querido papai Wilson, peço me abençoem.

Venho agradecer o carinho e a confiança que me deram às palavras.

Isso para mim foi preciosa carta de crédito.

A alegria naqueles que amamos é para nós estímulo maior à compreensão e ao serviço.

O tio José[33] veio comigo para felicitarmos a mamãe Chiquinha pelo aniversário.

Querida mãezinha, para o seu coração querido, seu filho está pedindo a Deus as flores da felicidade e da paz.

Associo a irmã Izabel[34], ao nosso contentamento e sou grato a ela pelos ensinamentos do nosso Grupo "Jesus Redivivo"[35]. Continuo aprendendo e caminhando para diante.

Saudade não muda, mas tudo quanto vem a

---

33 José Dellalio – tio paterno, desencarnado
34 Izabel Mazzucati – Presidente espiritual
35 Centro Espírita "Jesus Redivivo"

ser lição na jornada se amplia em proveito nosso.

E vou buscando pensar no melhor e fazer o melhor que posso, de modo a lhes ser útil.

Pai amigo, agradeço a sua bondade por todas as bênçãos que me proporciona e para o seu carinho, querida mamãe, deixo nestas letras garatujadas com amor o coração e o carinho total do seu

Eduardo Ruiz Dellalio (Du)
20 de dezembro de 1980

3ª Mensagem

Querida mamãe Chiquinha e querido papai Wilson, abençoem-me.

Estou ciente. As consequências de meu regresso à vida espiritual ainda estão vigorando de modo difícil para nós.

Faço força. Busco diminuir as preocupações da querida mãezinha.

Coloco argumentos nas palavras do papai Wilson. Dialogamos. Voltamos à troca de ideias.

Entretanto, a tristeza da mamãe Chiquinha é uma sombra cuidadosamente disfarçada.

Mãe querida, somente o papai e eu sabemos em parte, como é grande o seu campo íntimo de batalha. Tantas condições imaginárias se apresentam em seu raciocínio que me surpreendo com a fertilidade de suas considerações. "Ah! Se não tivéssemos aprovado a aquisição dessa moto? Se eu tivesse pensado melhor, não permitiria ao Du aquela volta a que se referia! Não seria melhor haver retardado a compra da máquina? Que amigos de meu filho lhe puseram na cabeça essa ideia de motoqueiro?"

Essas perguntas sem respostas enxamearam tanto o seu silêncio que o abatimento físico a surpreendeu impondo reflexões graves a nós todos. Mãezinha: aceite as circunstâncias e entreguemo-nos todos a Deus.

É o que lhe peço enquanto lhe ouço os pedidos mentais para que me externe de algum modo...

Expresso-me, sim, mas confiantemente, ao lado da vovó Francisca[36], da vovó Ana[37], (porque não quero dizer bisa), a todas estamos a desejar-lhes, juntamente à querida vovó Lais[38], e a todas as mães de nossa família, um domingo feliz amanhã, quando os pensamentos do mundo cristão se voltam para a exaltação e para a reverência para com todos os corações maternos.

Mãezinha, o papai Wilson lhe fala por mim

---

36   Francisca Molina, bisavó desencarnada
37   Ana Portugal Linhares, bisavó desencarnada
38   Lais Linhares Ruiz, avó materna

próprio. Acredite nele. Somos dois amigos a reerguer-lhe as forças íntimas espancadas por essa saudade tão nossa que deve ser converter em esperança. Paz e alegria é o que desejo ao seu coração querido.

E amigos vários que não dispõem da oportunidade de escrever nesta noite me encarregam de comunicar os nossos melhores votos de um feliz dia a todas as mães presentes. Continuemos estudando os caminhos novos que nos conduzirão ao reencontro feliz um dia, na Vida Maior, e saibamos bendizer a felicidade que usufruímos, especialmente a felicidade de repartir fatias de felicidade com os outros.

Querida mãezinha Chiquinha, receba com meu pai e com a vovó, com todos os nossos familiares e amigos, os votos de paz e alegria, do filho que é sempre todo seu

Eduardo Ruiz Dellalio (Du)
09 de maio de 1981

4ᴬ MENSAGEM

QUERIDA MÃEZINHA CHIQUINHA E querido papai Wilson, não se agastem com a ausência de notícias.

Felizmente já pude transmitir as informações precisas, depois que a moto me despachou para outra região, conforme os desígnios superiores. Vou bem.

Acontece que não se pode escrever sempre que se deseja.

Não temos censura, mas temos escalas.

Os que precisam entendimentos mais apressados desfrutam de prioridade justa.

O negócio é isso aí.

Peço à mamãe esquecer a moto acusada sem culpa e que ninguém fique triste.

E já que escrevo, da parte de mentores e amigos presentes, aviso aos pais e mães que muitas vezes se evidenciam desapontados com a falta de mensagens dos filhos ou dos entes amados que foram transferidos para cá, para que não se aflijam.

Muita gente chora muito ainda, outros companheiros se revelam insubmissos e revoltados; outros parecem tocados por obsessões difíceis de passar, tamanha é a saudade com que se acomodam no fundo do imenso lago das lágrimas que não encontram condições para escrever construtivamente.

Por isso, muitos irmãos estão ainda no tanque do tempo alegando as mágoas que os fazem doentes e, por enquanto, incapazes do equilíbrio para reconfortarem a alguém.

Com isto não quero dizer que estou melhor. Apenas, entrego a Deus as minhas imperfeições e pesares e coloco banca do cara de pau, de modo a tranquilizar os pais queridos, porque a morte não nos promove à condição dos anjos eternos. Sermos nós mesmos, com a luta do dia a dia para melhorar-nos e aprender a viver por nossa conta, esta é a verdade.

Ninguém nos imagina na posição de brotos de luz, porque isso ainda não pega.

Fazemos força e a vovó Ana[39], que veio em minha companhia, me recomenda não fingir o que ainda não sou.

Apesar de tudo, tenho agora fé em Deus e com isso compreendo que vou conquistar os recursos de que preciso para ser um filho melhor e obreiro correto do bem.

Mas digo isso tudo com muita saudade da mamãe Chiquinha e do papai Wilson, aos quais entrego as esperanças e agradecimentos do filho cada vez mais amigo

Eduardo Ruiz Dellalio (Du)
04 de outubro de 1981

---

39   Ana Portugal Linhares, bisavó materna, desencarnada

5ª MENSAGEM

OI, MAMÃE CHIQUINHA E papai Wilson, nós aqui, dando duro nos estudos das lições de Cristo e vocês dois aí nos correios, à caça de notícias. O chamamento é tão forte que pedi aos professores aquele consentimento sem apresentar qualquer desculpa a fim de falar aos pais queridos.

Não se preocupem. Tudo bem. Somos muitos os companheiros aqui para saudações, mas nem todos conseguem escrever, porque os amigos que estiveram na sabatina da noite de ontem, estão de olheiras roxas. Repousaram se isso lhes foi possível aí pelo romper da dona Aurora Clara de Deus. Eu mesmo, quando me retirei da tarefa, pois estávamos todos cooperando a fim de que os amigos novatos se comunicassem, ao sair para a nossa residência coletiva, estava em dúvida se voltaria hoje. Dizem que os desencarnados não se cansam.

Quem pensa que isso seja verdade que

se cuide para quando estiver de volta a estes papos.

A nossa lida em serviço não é moleza, mas não estou fazendo blá-blá-blá.

Tudo vai passando e a gente se refaz na alegria de vê-los satisfeitos.

Aqui são vários amigos que me recomendam a transmissão de recados, mas tenho limitações compreensivas e registrarei alguns.

O nosso amigo Beto dos Santos Dias[40], abraça os pais queridos, nossos amigos Antero e dona Adelaide[41]; a irmã Eliete[42] beija a fronte dos pais muito amados; o Alfredo Platzeck Neto[43] cumprimenta afetuosamente a querida mãezinha e o tio presente e muitos outros acenam aos familiares queridos, desejando-lhes paz e alegria.

Tenho vontade de treinar comunicações,

---

40 Carlos Alberto dos Santos Dias (Beto) – vide mensagem dele neste livro

41 Antero e Adelaide dos Santos Dias – amigos da família, pais de Carlos Alberto

42 Eliete Caetano Grimaldi – amiga do plano espiritual.

43 Alfredo Platzeck Neto – amigo do plano espiritual

mas por enquanto, creio que sou um desastre no assunto.

Lembranças de todos para todos – frase esquisita de rapaz querendo resumir o que não sabe alongar.

E sejamos razoáveis. O pessoal da casa que nos acolhe não deve ser massacrado.

Mamãe Chiquinha e meu pai Wilson, meus queridos amores de cada dia, recebam tudo o que desejariam possuir de bom e ainda não tenho para lhes dar. Guardem a minha oferta imaginária e conservem o amor e a gratidão constante do filho que lhes pertence e os ama sempre mais,

Du, Eduardo Ruiz Dellalio
13 de fevereiro de 1982

6ª MENSAGEM

QUERIDO PAPAI WILSON E querida mãezinha Chiquinha.

O tio José Dellalio[44] está comigo e veio assistir as nossas comunicações. Estou sempre melhorando e sem férias para usufruir aquilo de que ainda não preciso. É preciso dar duro para aprender. Ninguém suporta que a morte do corpo tem prato de descanso no cardápio. Estou, no entanto, muito contente, na vida nova, apesar das saudades velhas.

Beijos do Eduardo.

Eduardo Ruiz Dellalio
03 de julho de 1982

---

44   José Dellalio – tio paterno desencarnado

7ª MENSAGEM

QUERIDA MAMÃE CHIQUINHA E querido papai Wilson, estamos no vigésimo ano de reencontro. Aniversário à vista. Festa recordada.

Rearticulo na imaginação aquela pressa tradicional das velas de quem guardou e não as encontrou. Afinal, é preciso acendê-las e depois apagá-las de sopro. Os amigos, com os pais queridos à frente, cantam aquele famoso: "Parabéns pra você" e, da última vez em que se realizou a nossa celebração, houve engano naquela expressão "Muitos anos de vida ", porque o meu tempo estava na beira. Quem teria glaçado o bolo?

E a mamãe desvenda o mistério. E numa conversa longa, em que se fala de receitas experimentadas e dos serviços de dona fulana que estava sem tempo, mas se prontificou a fazer uma torre florida para o Dudu.

Alegra-me pensar que estávamos todos reunidos, em torno de uma simples ideia, o natalício de um filho. Imagino agora que é tão fácil congregar pessoas e atar muitos amigos no mesmo interesse, quando se trata, no mundo, de obter o dinheiro mais fácil. Impressionante a descoberta de meus pais. Iluminar uma casa inteira, esnobar flores caras e, quantas vezes, promover o estouro de algum frasco verde, de cujo gargalo se desprendia aquela espuma licorosa.

Tudo passou e não passou, porque nos achamos aqui, unidos sempre, rememorando o natalício em companhia de amigos diletos. Tanto amor se desprende da mesa que nos reúne que fico espantado!

Mamãe Chiquinha, o que é que você fez para realizar este milagre?

Tenho vontade de chorar, sob a emoção que me domina, mas me contenho para dizer a você, a meu pai, aos nossos amigos: muito obrigado. Não falta qualquer de nossos laços queridos a este rancho de carinho e de amor, no qual sou eu quem deve agradecer e estou desconhecendo a maneira de fazê-lo.

Os amigos estão conosco, pelas forças telepáticas da lembrança. Adilson[45], Osvaldo[46], e todos os que se me faziam irmãos pelo coração, se acham reunidos aqui, através das recordações. Cada qual tem uma ponta nesta novela de amor e luz que somente os pais amigos sabem entretecer.

Já sei que as comemorações para nós agora, as mais valiosas e queridas, já começaram. Acompanhei-os, ao entardecer, ao lado de nossas crianças e de nossos irmãos doentes. Não trocaria a mais linda excursão por aqueles minutos nos quais temos a nossa prosperidade e o nosso reconforto, no sorriso de nossos amigos, para os quais um simples pão vale tanto.

Agora, peço a Deus me faça digno de receber o auxílio de que necessito, a fim de, mais tarde, merecer, de fato, manifestações tão comovedoras de bondade e carinho.

---

45 Adilson Cheganças – amigo de Eduardo
46 Oswaldo Ferreira Jr. – amigo de Eduardo

A nossa convidada desta noite é a Carolina[47] que me herdou os carinhos caseiros. Deus nos ajude a construir-lhe a felicidade.

Querida mamãe Chiquinha, aqui se encontram amigos vários. Destaco, no entanto, a presença da vovó Josefina Cianflone[48], recentemente trazida para cá que ainda se reconhece junto a sua casa. A vovó, linda tal qual é, na bondade com que lhe conhecemos o coração, não se compreende no diálogo comigo, tratando-me como se estivesse nos tempos daí. Com a mais linda inocência, me pergunta se estamos no Tatuapé, na Euclides de Freitas, porque a ideia da morte não lhe alcançou ainda a cabeça. Trago comigo duas amigas, as irmãs Encarnação Ruiz[49] e Luiza Cianflone[50], com a naturalidade de quem partilha numa reunião de preces e indaga sobre a ausência de meus avós. E o melhor de tudo que

---

47 Carolina – irmã – nascida em 22 de agosto de 1982
48 Josefina Cianflone – avó de uma grande amiga de dona Chiquinha, falecida 6 meses antes desta comunicação
49 Encarnação Ruiz – parente da avó materna
50 Luiza Cianflone – parente de dona Josefina Cianflone

devo conversar com ela sem lhe alterar as ideias. Já confirmei que estamos no Tatuapé e ela me pediu que hoje me afastasse de motos. Maravilhosa vovó! Ela ignora que a moto já me promoveu a transferência. E, nessa fase, vamos seguindo...

Agradeço-lhes por todas as bênçãos com que me recordam.

Querida mãezinha, quando saí naquela tarde, a imaginar como devíamos formar um esquema de férias com o papai Wilson, não sabia que eu estava saindo de mudança. E, na festa de hoje, tudo me parece um romance do qual estamos no meio.

Deus nos ajude a vencer, com a execução de nossos compromissos. Não tenho tido muitas transformações. Estudo e trabalho, mas, de quando em quando, é preciso tirar um sarro para refazer ambientes e forças. Creiam, porém, você mamãe e papai, que não piorei. Não tenho vocação para retiros espirituais e admiro a perfeição de muitos amigos, sem querer imitá-los.

Mas, deixemos estes assuntos para lá. Com o

tempo, o próprio tempo se modifica e a verdade é que nós todos somos quase que escravos do tempo.

Desejo informar ao nosso amigo Valdir[51] que a nossa respeitável amiga dona Inês Pavine Nadal[52], está seguindo bem, no Instituto de Tratamento Espiritual a que foi recolhida.

A vida por aqui não é moleza para ninguém. Quem não gostar de trabalho que se cuide, porque somos induzidos, mas não obrigados a cumprir uma extensa relação de atividades e não é fácil a comunicação entre pessoas, embora isso não seja problema para aqueles cobras da espiritualidade que nos concedem atenção e, ao mesmo tempo, estão permutando informações e palavras a longas distâncias.

Por enquanto, se eu quiser aprender que me esforce.

Que saudades das mesadas do papai que você, mamãe Chiquinha, suplementava para

---

51 Valdir Nadal – amigo dos pais de Eduardo
52 Inês Pavine Nadal – mãe de Valdir, falecida a 20 de dezembro de 1980.

que eu pudesse esticar minhas andanças! Isso, porém, é assunto impróprio. Já gastei por aí muita grana, sem maior proveito e não posso estragar nossa festa.

Mãezinha, muito grato por tudo a você e a meu pai. Beije por mim a nossa Carolina pequenina. E fale com a irmãzinha que eu também a amo muito.

Agora, mamãe, não posso continuar. As lágrimas me subiram do peito para os olhos. É uma vergonha chorar assim, quando a felicidade está conosco. Mas a sua festa me enterneceu. Estou com saudades de uma competição de forças com o papai Wilson e com muitas saudades do seu jeito de satisfazer a todos os nossos convidados, para que o bolo não faltasse a ninguém. Estou com saudades da tia Ilca[53] e tanta gente está chegando ao meu coração!

Sinto-me unicamente capaz de agradecer e pedir-lhes me abençoem e não me esqueçam nas orações habituais.

---

53 Ilca – tia materna

Papai Wilson e mamãe Chiquinha, este o momento do "tchau". Quando eu puder voltarei e, quando pudermos, haveremos de fazer outra festa com tantos companheiros e tantos irmãos em derredor de nós.

Perdoem-me se termino aqui. Não sei molhar o lápis nas lágrimas para escrever. Desse modo, pais queridos, fiquemos todos com Deus e, no abraço de carinho com que me acolhem as palavras, sintam o pulsar de meu coração entre os dois.

Estivesse completando duzentos anos de idade física, minha emoção não seria menor. Recebam, assim, com tudo que sinto e não escrevo, o carinho imenso repleto de muitas saudades do filho amigo, sempre com toda a gratidão que, sou capaz de sentir,

Eduardo Ruiz Dellalio (Du)
18 de outubro de 1982
(20° ano de seu nascimento)

EGLE APARECIDA BRAGA

Dados Biográficos

Egle Aparecida Tavares Spadoni Braga, nasceu no dia 22 de julho de 1957, filha única de Therezinha Dias Tavares. Formou-se em arquitetura aos 21 anos de idade e trabalhava em companhia de sua mãe no 26º. Cartório de Notas da Capital de São Paulo. Casou-se com Roberto Braga a 11 de julho de 1980 e com ele sofreu acidente de moto no dia 15 de novembro de 1980, desencarnando a seguir. Suas mensagens, repletas de carinho, estímulo e reconforto à mãe, são instrumentos de alegria e bom ânimo, como dona Therezinha mesma o diz:

Depoimento

Tendo eu passado por uma fase muito dolorosa na vida, faço este depoimento na intenção de prestar alguma ajuda a outras mães que, como eu, possam se encontrar na mesma situação. A desencarnação da minha única e querida filha foi trágico e muito rápido. Passei a viver insegura e magoada. O tempo passava e eu cada dia mais triste e sem vontade de continuar vivendo. Abandonei tudo, até o meu serviço.

A conselho de amigos e com ajuda de Deus fui até Uberaba e através da pessoa do nosso querido Chico Xavier obtive uma mensagem da minha Egle esclarecendo minhas dúvidas e deixando-me a certeza de que a vida não só continua, como também a esperança que estamos unidas pelo pensamento. Tudo que contém a aludida mensagem é de minha Egle, não só redação e assuntos nossos como também sua assinatura.

Agora vivo mais calma e confiante tendo a

certeza de que a sua mensagem foi a luz que iluminou a minha escuridão. Hoje compreendo e abençoo a doutrina espírita com a esperança do reencontro e a confiança no porvir.

São Paulo, 04 de outubro de 1982

Therezinha Dias Tavares

1ᴬ Mensagem

Querida mãezinha Therezinha, unidas vamos pedindo a Deus nos proteja e nos abençoe. Se alguém nos dissesse, há meses, quanto nos cabia aceitar da vida, em matéria de surpresas e tribulações de certo não acreditaríamos. Mas é com a mesma confiança de todos os momentos que venho até aqui com a vovó Hebe[54] rogar-lhe paz e esperança.

Mãezinha, levante-se das lágrimas e contemplemos o céu de Deus! Não esmoreça. Não admita que a sua afeição por mim poderia anular a nossa prova nos desajustes havidos. Agora vou aprendendo devagar que todas as aflições produzem alegria e tranquilidade, quando lhes atravessamos as sombras de ânimo erguido à fé em Deus. Você que me ensinou a ser forte, auxilie-me agora a vê-la reconfortada. Você, mamãe, que colocou em meus lábios o nome de

---

54   Hebe – avó materna, falecida em 25.04.1976

Deus, escore-se em mim, através da lembrança, para fixarmos a presença de Deus em tudo o que nos rodeia e em tudo o que nos aconteceu.

O nosso querido Roberto[55] não teve culpa. A moto saltou sobre um obstáculo com tamanho ímpeto que me vi atirada no chão. Não tive tempo para pensar. O choque me prensou a cabeça, qual se o meu cérebro se convulsionasse na destruição de si mesmo... Escutei os chamados do esposo que tentava me reanimar, no entanto, um sono invencível me dominou todas as energias.

Nada mais soube senão que acordei num aposento espaçoso e reconfortante, no regaço de alguém que supus fosse você... A vida é tão perfeita, depois da liberação do corpo físico, que de modo algum me imaginaria transferida de vivência e de plano... Uma dor de cabeça insistente me travava os movimentos e deixei-me aquietada naquele colo de carinho e de bênção, sem palavras e sem outros sinais que não fossem

---

55 Roberto Braga – marido

os meus pensamentos voltados para o Roberto, a fim de tranquilizá-lo. E digo assim porque a certeza de que estava em sua companhia não se me arredava da mente; com surpresa, porém, logo após, me vi diante da vovó Hebe e da vovó Clementina[56] que me retinham perto do coração.

Você pode imaginar o meu espanto, até que a compreensão de tudo desabrochou, de repente, por dentro de minha alma e percebi que era preciso encontrá-la para dizer-lhe que estava mais viva do que antes e que necessitava de sua tranquilidade para recobrar a minha própria paz. As queridas benfeitoras me reconfortaram, mas não descansei enquanto não misturamos, nós duas, as mesmas lágrimas. Agora que não preciso detalhar a nossa situação, peço-lhe coragem para retomar os nossos hábitos. Não precisará idear circunstâncias inexistentes, porque o nosso Roberto não teve culpa alguma, repito. Naturalmente, tudo devia suceder qual sucedeu para

---

56   Clementina – bisavó materna, falecida em 04.03.1955

que nós duas retornássemos à completa integração uma com a outra.

Mãezinha, volte ao seu trabalho e perdoe sua filha, se tomei a máquina sabendo que você estaria aflita por minha causa. Perdoe-me e saiba que preciso também de sua paz, a fim de retornar à minha tranquilidade própria.

A casa do tio Irlei[57] e da tia Neusa[58] é um santo refúgio, mas temos o nosso recanto na cidade. Não viaje tanto e volte aos nossos documentos do cartório. O trabalho dissolverá nossas penas. Imagine-me ainda sua criança. Ensine-me a falar em Deus, faça-me rezar de novo. Direi que você é a minha mãezinha Therê, e nós duas sozinhas nos beijaremos com aquela certeza de que sou de seus braços por haver nascido de seu coração.

Se algum ressentimento espiar a sua alma querida, não permita que essa sombra possa entrar em seus sentimentos de mãe. Tudo passou.

---

57 Irlei – tio materno
58 Neusa – esposa de Irlei

Não ferimos a ninguém. Sempre fomos felizes. Pois agora, mamãe, dê felicidade à sua filha outra vez. Não estou contente sem você, mas calma e confiante em Deus. A morte do corpo não nos separará.

Embora haja contrariado a sua ternura, fale ainda que eu sou o seu tesouro. Isso me dará forças para reviver como devo e preciso. Há muito serviço esperando por nós. Não se sinta exonerada da alegria de trabalhar e de viver.

Com a mãezinha Hebe, mãe de nós duas que nos considerava duas irmãs, deixo-lhe nestas palavras todo o meu carinho e a minha própria vida, a sua filha, sempre a sua filha do coração.

Lembranças ao Luiz Carlos[59].

Egle Aparecida
20 de março de 1981

---

59 Luiz Carlos Elchin – amigo da família, presente no momento da mensagem

2ᴬ MENSAGEM

MÃEZINHA THEREZINHA, ABENÇOE-ME COM o seu carinho e continue a ser o meu apoio de sempre. Estou muito grata com a sua deliberação de aproximar-se do nosso querido Roberto[60], cuja presença aqui significa imenso reconforto em benefício de sua Egle.

Querida mamãe Therezinha, parece-nos que todas as fases de minha vida deviam copiar o movimento dos relâmpagos. Em tempo reduzido, avancei de minhas brincadeiras de menina para os sonhos de mocidade que não chegou a ser... Digo assim porque a juventude verde me assinalou o casamento que somente completou um período anual neste mês de julho, quando, há mais de seis meses, já me encontro na Vida Espiritual.

Isso tudo me vem à consideração porque desejo ver o nosso Roberto plenamente livre para reassumir os seus propósitos de erguer um lar e ser feliz dentro dele. Aqui abro um parágrafo em minhas reflexões para afirmar ao querido companheiro que já não sou mais a namorada ciumenta ou a esposa enraizada nas ideias possessivas nas quais ele me conheceu.

A vovó Hebe[61] e a vovó Clementina[62] foram minhas instrutoras nos meses últimos e fizeram-me reconhecer que o amor só é realmente amor quando liberta a pessoa amada. E desejo que o nosso Roberto receba de Deus a felicidade que ele fez por merecer.

Mãezinha, tranquilize-se a meu respeito. Se voltei à Vida Espiritual, forças que não conhecemos assim determinaram. Não houve interferência de sombras na luz de Deus. Agora, regozijo-me com os seus exemplos de trabalho e aceitação. Temos muito a fazer no domínio do apoio aos necessitados. Novos ideais estão nas-

---

61 Hebe – avó materna, falecida em 25.04.1976
62 Clementina – bisavó materna, falecida em 04.03.1955

cendo no cérebro de sua filha e tenho em suas mãos as duas antenas com as quais espero irradiar a mensagem de minha renovação através do trabalho em auxílio aos nossos semelhantes.

O nosso amigo Pedro Ivoska[63] é um notável amigo das boas obras que me veio da família do Roberto e ele igualmente nos partilhará da viagem de beneficência que havemos de empreender.

Querida mãezinha Therezinha, nada de crermos em distância e solidão. Estamos integradas uma na outra, no mesmo barco iluminado de esperança. Tenho a ideia de que a bondade celeste me retirou dos constrangimentos da vida física, em plena estrada, para que eu pusesse os pés no caminho do bem aos outros, o que farei com a sua proteção e com o seu concurso.

Desejo ao querido companheiro presente um futuro de bênçãos e, com os meus melhores votos de paz e confiança, dou-me ao seu coração,

---

63   Pedro Ivoska – avô de Roberto Braga

querida mãezinha Therezinha, na certeza de que eu mesma, com as minhas esperanças e com os meus defeitos, sou por mim própria, tudo o que tenho para lhe dar.

Como sempre, a sua filha de todos os momentos,

Egle Aparecida
25 de julho de 1981

GILBERTO CUENCA DIAS

DADOS BIOGRÁFICOS

GILBERTO CUENCAS DIAS, PAULISTA, nascido em 20 de dezembro de 1941, era casado com Maria Salete Lemes Coura Dias, com quem teve um filho, Gilberto. Sócio-titular civil do Clube dos Oficiais da Polícia Militar de São Paulo, encontrava-se hospedado com a esposa e filho, então com 12 anos de idade, na Colônia de Férias deste Clube, em Campos do Jordão, quando foi assassinado a golpes de faca por um desconhecido, no dia 28 de outubro de 1979.

Eis o depoimento que Maria Salete nos dá a respeito do ocorrido.

Depoimento

De família espírita, muito devo à doutrina a que pertencemos e que meu marido abraçava com tanto carinho. Nosso sofrimento era asfixiante, mas meu filho e eu sentimos o auxílio do Alto através de encarnados e desencarnados. Foi maravilhoso conhecermos nosso irmão Chico Xavier em Uberaba e reencontrarmos, através de sua psicografia, nosso Gilberto.

Maria Salete Coura Dias

1ᴬ MENSAGEM

Querida Salete.

Este é um grande momento.

Momento de renovar nossa petição a Deus para que nos abençoe sempre, junto ao nosso querido Gilberto[64], o nosso rapaz tão menino nas forças físicas e tão amadurecido para o entendimento da Vida Espiritual.

Agradeço à mãezinha Maria[65] ter vindo com vocês, representando o nosso caro major[66].

Pedi com insistência a oportunidade que estou mobilizando, para rogar paciência e fé viva em Jesus, ao seu carinhoso coração de companheira.

Lembre-se, querida, de que os irmãos conturbados sempre nos mereciam especial atenção.

No íntimo, eu sentia que em outro tempo eu também fora assim, uma pessoa errante, adquirindo responsabilidades e mais responsabilidades.

---

64   Gilberto – Gilberto Cuencas Dias Filho – filho
65   Mãezinha Maria – Maria Rodrigues Lemes Coura, mãe de sua esposa
66   Major – Major José Militão Lemes Coura, pai de sua esposa

Quase que não foi surpresa para mim aquele assalto rápido num momento de descanso e férias.

Naquela hora em que me vi golpeado pelo irmão desconhecido e infeliz que me visava, me veio, às súbitas, a recordação de que eu igualmente me prevalecera de festas para desorientar os meus semelhantes.

Graças a Deus fui a vítima, e estou reconfortado por isso.

Notei a aflição com que me transportavam para o socorro, mas excetuando os meus cuidados e inquietações por você e por nosso querido filho, incluindo a ligação preciosa com os amigos que me cabia deixar, brilhou em minha consciência a luz invisível da tranquilidade de quem resgata uma dívida ou a última prestação de um longo débito.

Venho pedir-lhe fé, muita confiança no Poder Divino que nos governa.

Nada de lamentações ou reclamações.

Que podia fazer aquele pobre amigo que o excesso de agentes alucinatórios na cabeça fazia desvairar?

Não considere ninguém na condição de culpado. Deus não nos faltará.

Nosso querido Gilberto está crescendo e crescendo para ser um homem de bem, sem traumas e sem sombras no pensamento.

Fui muito amparado desde os primeiros instantes em que me reconheci fora do corpo. A vovó Ana[67], a vovó Francisca[68] e os bisavós Lemes[69], grandes corações, me socorreram. E o nosso admirável irmão Kamura[70], me sanou as feridas ensinando-me como apagá-las com as preces da compreensão.

Estou quase feliz, não fossem as saudades, mas você e o nosso Gilberto me auxiliarão.

---

67 Vovó Ana – bisavó materna de sua esposa (desencarnada)
68 Vovó Francisca – Francisca Pereira de Castro Rodrigues, avó da sua esposa (desencarnada)
69 Bisavô Lemes – José Lemes Coura e Maria Porter Lemes Coura, bisavós pelo lado paterno da sua esposa (desencarnados)
70 Irmão Kamura – Entidade espiritual, patrono da Fraternidade Espírita Irmão Kamura, em São Paulo, Capital

Serão fortes para que me fortaleça; pacientes para que a paciência igualmente me felicite; unidos para que estejamos sempre juntos e valorosos na confiança em Deus para que me veja, a cada dia mais equilibrado dentro dos novos sentimentos que preciso construir.

Amparem-me com a bênção da paz de que necessito, a fim de complementar a minha própria segurança.

Querida Salete, querida esposa, não posso escrever mais por agora; e você, Gilberto, seja para sua mamãe o tesouro que ela representa em nossas vidas. Nunca odeie a pessoa alguma e viva, meu filho, para cumprir o dever e realizar o bem.

A todos os nossos, as minhas muitas lembranças.

Agradeço à querida mãezinha Maria por toda bondade para conosco, e rogo a você, querida esposa, receber todo o meu reconhecimento e toda a minha confiança no abraço de muito amor e de muita esperança do companheiro e esposo agradecido.

Gilberto Cuencas Dias
26 de janeiro de 1980

2ª MENSAGEM

QUERIDA SALETE, DEUS NOS abençoe.

Não tenho outra alternativa senão a de voltar à reunião aqui, de modo a pedir-lhe calma nestes dias nos quais, segundo tudo indica, teremos um encontro mais positivo com a justiça.

Vejo o nosso querido filho, o nosso dedicado Gilberto, conosco, e peço a ele robustecer a sua paz e a sua fé.

Os nossos queridos amigos, o major[71], seu pai e amigo, a nossa estimada mamãe Maria[72], a nossa Marjose[73], e tantos outros corações devotados em nossa companhia.

Rendo graças a Jesus por vê-la cercada de tantos afetos.

Eu também aqui, não dou por menos. A vovó Maria Porter, o avô José Lemes[74], o nos-

---

71 Major – José Militão Lemes Coura, pai da esposa do comunicante
72 Mamãe Maria – Maria Rodrigues Lemes Coura, mãe de Salete
73 Marjose – irmã caçula de Salete
74 Maria Porter – José Lemes – bisavôs de Salete (desencarnados), avôs do Major Coura

so irmão Kamura[75], e vovó Ana[76], com muitos companheiros, me encorajaram. E me encorajaram para pedir a você e aos seus, e nossos queridos pais, não reforçarem acusação alguma contra o irmão doente que me tirou o corpo físico, em nosso passeio na Colônia de Férias em Campos do Jordão.

Querida Salete, imagine fosse eu o culpado, se me visse enfermo e repentinamente agredisse a alguém, se perdesse momentaneamente a razão e me catalogasse entre os infelizes que não sabem quanto dói a delinquência...

Fosse eu o culpado, repito, e você estaria a defender-me perante as nossas autoridades. Você peregrinaria através de gabinetes e gabinetes, buscando compreensão e simpatia, para o seu velho.

Acontece, porém, que não sou eu o acusado e sim um filho de Deus, quanto nós e que deve ser

---

75 Irmão Kamura – Entidade espiritual, patrono da Fraternidade Espírita Irmão Kamura, em São Paulo, Capital

76 Ana – bisavó de Salete (desencarnada), avó da mamãe Maria

tratado na condição de um irmão nosso necessitado de tratamento.

Por isso peço a você e à nossa querida família considerarem que: estar alguém perante a justiça, a fim de responder por atos lamentáveis já é muita carga de provação nos próprios ombros.

Em vista do que exponho, rogo para não nos sentirmos superiores ao amigo que me cortou o corpo sem saber o que fazia.

Ninguém precisa louvar o mal, porque o mal é uma enfermidade, mas diante do mal devemos sustentar uma atitude de equilíbrio e de oração, como convém, a fim de sermos úteis na extinção das trevas quando as trevas se manifestam.

Peço-lhes serenidade e comportamento cristão, na hora de qualquer pronunciamento ou em qualquer reencontro.

Bastar-nos-á o silêncio com a prece sem palavras, em auxílio ao nosso irmão doente e infeliz.

Meu filho me compreende e saberá interpretar-me.

Ele dirá: "Não estamos contra ninguém, porque todos somos filhos de Deus e por isso pedimos a proteção de Deus para nós todos".

E você, querida Salete, se orgulhará, tanto quanto eu mesmo, do nosso menino que está crescendo para o entendimento do bem, como sempre desejamos.

A vovó Júlia[77], a nossa querida benfeitora Julieta, veio em minha companhia e me aprova as petições. Sei que todos os nossos agirão com muito acerto. A vovó Francisca[78], abençoa mamãe Maria e pede a Deus por todos nós.

E você, querida esposa, não receie o encontro com quem quer que seja; você estará comigo e eu com você e nós dois sentiremos Jesus em nosso pensamento a nos pedir orações por todos aqueles que sofrem a desventura de se haver confiado ao mal.

Esteja tranquila e continuemos sem mágoas e sem sombras nesse ou naquele ponto da vida.

---

77 Vovó Júlia – avó paterna de Gilberto (desencarnada) seu nome real era Julieta, porém, era conhecida como Júlia
78 Vovó Francisca – avó materna de Salete (desencarnada)

Agradeço a todos os nossos que se fazem presentes ao nosso lado, em nossa reunião de fraternidade e prece.

Jesus recompense a todos.

A todos os companheiros de minhas próprias tarefas, rogo calma e compreensão no meu caso pessoal em que, decerto, terei resgatado algum débito que estava à distância esperando por mim.

Querida Salete, Deus abençoe a você e ao nosso querido filho, concedendo-nos aos corações a fortaleza precisa para entendermos os problemas do mundo com as soluções que Jesus nos propôs.

A todos os familiares queridos, muito reconhecimento e muita confiança.

E a você, com nosso querido Gilberto Filho, todo o amor do esposo e pai, cada vez mais reconhecido.

Gilberto Cuencas Dias
23 de agosto de 1980

3ª MENSAGEM

QUERIDA SALETE, PEÇO A Deus nos abençoe. Estamos nós dois aqui com os mesmos pensamentos.

Desejo referir-me à nossa preocupação pelas atitudes do nosso querido Gilberto[79], à frente do juri que, talvez, se realize muito em breve, com o tema de minha desencarnação. Até hoje nos achamos surpresos diante da ocorrência. Um passeio para entretenimento familiar e um projétil que me alcançou sem que eu pudesse concluir quanto à razão de ser daquele atentado que, decerto, se prende a resgates nossos por débitos no arquivo do passado.

Despejado do corpo e despojado de tudo o que me era mais caro sem conhecer os motivos do acontecimento, lutei muitos dias para aceitar a provação que se arrojou sobre nós violentamente.

Ainda agora, estudo as causas do incidente, compulsando memórias dos outros e sei, por in-

---

79 Gilberto – Gilberto Cuencas Dias Filho – filho do missivista

tuição, que encontrarei o móvel do delito de que fui vítima. Acontece que o nosso irmão será julgado em ocasião que nos parece próxima e não desejo que você e o nosso filho participem de qualquer peça condenatória.

Por você, sinto-me tranquilo e o nosso caro amigo, o major Coura[80], que nos partilha a visita desta noite, me acompanha os pontos de vista.

Renovada pelos nossos próprios sofrimentos, você sabe compreender e julgar os acontecimentos em profundidade. Sei que você fitará o nosso companheiro infeliz tocada de compaixão, rogando a Deus o restitua à liberdade de cidadão prestimoso e correto.

Mas, e o nosso querido filho? Peça a ele ponderação e calma. Um adolescente não encontra facilidades para modificar-se. Rogo, assim, ao nosso Gilberto nos apoie os desejos de ver o nosso irmão desventurado em paz com todos, no-

---

80   Major Coura – José Militão Lemes Coura, sogro de Gilberto, pai de Salete

vamente liberado de quaisquer culpas que, na essência, não existem.

Peço ao Gilberto silenciar, em qualquer argumento em que sinta a necessidade de se definir pela censura ao gesto de que fui vítima. Explique, Salete, ao nosso filho que a morte não se resgata com a morte e que a dor não se cura criando novas dores para os que integram a caravana familiar.

Em qualquer lance do processo, em que se veja questionado, que o nosso filho saiba encontrar o equilíbrio com que nasceu. Nada de frases de reprovação ou de críticas, nem mesmo através do olhar. Digo isso, porque em horas como as que me refiro, muitas vezes, na Terra, nos desmanchamos em expressões de medo e censura, complicando os problemas ao invés de resolvê-los.

Confio em que nosso Gilberto se portará com a dignidade de homem de bem, sabendo que, às vezes, um ato qual esse a ser lembrado, decorre de um delírio da pessoa que cedeu ao impulso das trevas.

Querido filho, peço-lhe atender ao seu pai. Em qualquer instante difícil fale nos desígnios de Deus, e na continuação da vida e da experiência que a todos nos testa ao longo da existência na Terra. O nosso amigo, Dr. Kamura[81], promete assisti-lo e inspirá-lo e estou certo de que você saberá assimilar essas correntes mentais de apoio e de misericórdia que são mobilizadas para socorro de nossos irmãos desventurados. Confio em que você e a mamãe Salete procederão à altura do que possuímos de melhor em nossos corações.

Compreendo que pela força das circunstâncias não poderão se eximir da presença no tribunal, porquanto estão arrolados entre as testemunhas do fato em si, mas insisto nas desculpas incondicionais ao nosso irmão Benedito[82], por-

---

81 Dr. Kamura – médico do plano espiritual, Patrono da Fraternidade Espírita Irmão Kamura, em São Paulo, Capital
82 Benedito – Benedito M. Franca, pessoa que causou o falecimento de

que ele é um homem de bem que, em dado instante, se fez o autor de um delito no qual não teria pensado antes.

Contando com vocês dois em favor de minha paz, comunico à nossa irmã Maria Ângela[83], que o nosso Déscio[84], vai seguindo sempre melhor na recuperação gradativa em que se encontra e que agradece o carinho do Rafael[85], com muito reconhecimento a ela própria.

Querida Salete, era o que tinha a dizer-lhes. Se não o fiz com palavras belas de literatura, procedi com a sinceridade do companheiro que deseja ser compreensivo e sereno para colocar-se no lugar do nosso irmão Benedito, a ser julgado nos dias próximos.

E creiam, querida Salete e querido Gilberto, na amizade de sempre e na fidelidade serena

---

Gilberto Cuencas Dias, em Campos do Jordão-SP

83 Maria Ângela – Maria Ângela de Lima Déscio, esposa do capitão Djalma Déscio Sobrinho

84 Déscio – Capitão Djalma Déscio Sobrinho, falecido em 01 de setembro de 1981

85 Rafael – Rafael de Lima Déscio – filho do capitão Djalma Déscio Sobrinho e Maria Ângela de Lima Déscio

do companheiro e pai que os reúne com muito amor e muita saudade no próprio coração.

Gilberto Cuencas Dias
17 de julho de 1982

MARCO ANTONIO E
ADEMAR ARGEU ANDRADE

DADOS BIOGRÁFICOS

FILHOS DE VERA E Argeu Gonçalves Andrade, Marco Antônio nasceu no dia 31 de janeiro de 1969 e seu irmão Ademar Argeu, no dia 06 de junho de 1972.

Ambos eram muito estimados em Itaúna, Minas Gerais e Ademar Argeu, ou melhor, Dedê, destacou-se como o mais novo craque do futebol da cidade, sendo por isto considerado menino símbolo de sua terra natal no Ano Internacional da Criança.

A 25 de junho de 1981 viajavam em companhia de dona Luzia e seus filhos, Leonardo e Cristiane, quando um violento choque do veículo contra um caminhão levou-os deste plano de vida.

Depoimento

Após o acidente em que nossos filhos se foram; recebemos diversas manifestações de pesar e solidariedade. Ninguém pôde nos consolar ou amenizar um pouco o enorme desalento...

Foi quando nos veio a lembrança de recorrermos a Chico Xavier. A primeira comunicação psicográfica de nossos filhos fez renascer em nós a vontade de viver. Quanto à veracidade das mensagens recebidas, é o mesmo que tentar comprovar o óbvio.

Nossos filhos estudavam e pela manhã eram despertados por um velho relógio; depois do acidente, ele parou de vez, nada o fazia funcionar.

Logo depois que recebemos a primeira mensagem de Marquinho, ao chegar em casa, de frente para o velho relógio parado, tentei uma comunicação através do pensamento com eles; pedi para que, se realmente vivos, fizessem o relógio funcionar.

Até hoje ele assinala nossas horas sem nenhuma interrupção. Tenho certeza de que, através daquele velho relógio, nossos filhos confirmaram, mais uma vez, que a vida continua.

Argeu Gonçalves Andrade

1ᴬ MENSAGEM
(de Marco Antônio)

QUERIDO PAPAI ARGEU, QUERIDA mamãe Vera e querida vovó Maria[86].

Peço para que me abençoem.

O vovô Ademar[87] determinou que eu viesse buscando tranquilizá-los. Ele mesmo auxilia minha mão a escrever para que não me perca em tempo vazio.

Papai querido, o que aconteceu, de modo tão estranho para nós todos numa hora de festa, veio das leis de Deus que precisamos respeitar. Creiam que eu estava cantando, quando o choque na cabeça me fez parar, até mesmo por dentro de mim. No íntimo, pensava no Dedê[88] e no Léo[89], procurando na ideia aflita algum meio de auxiliá-los.

86 Maria – avó
87 Ademar Gonçalves de Souza – avô, desencarnado a 03 de maio de 1980
88 Ademar Argeu Andrade – irmão de 9 anos, falecido no mesmo acidente
89 Leonardo – 9 anos, filho de dona Luzia, falecido no mesmo acidente

Escutei as vozes e os gritos em torno de nós e acredito haver registrado a voz do Dedê entre as muitas que me atingiram no momento difícil. Aquele desmaio que me absorveu foi inevitável. Um sono terrível, uma espécie de morte que afinal reconheci que era o sono da morte mesmo.

Acordei, não sei quando, porque ignoro a quantidade das horas que passaram entre o choque e o meu despertar, e supunha que me situava em nossa casa de Itaúna, quando uma senhora muito simpática me tomou nos braços sorrindo e me recomendou que a chamasse por vovó Maria Lina[90].

Soube, então, por ela que eu e o Dedê, com o Leonardo, a Cristiane[91] e a dona Luzia[92] e ainda com o amigo de nome Eli[93], estávamos todos numa vida diferente em que Deus nos concederia outras oportunidades de estudar e viver, trabalhar e servir.

---

90 Dona Maria Lina – bisavó dos meninos, desencarnada em 12 de outubro de 1975
91 Cristiane – 14 anos – filha de dona Luzia, falecida no acidente
92 Dona Luzia – condutora do veículo acidentado
93 Eli – motorista do caminhão

Imaginem o que chorei quando vim a saber de tudo, que um acidente nos mudara a família e a vida.

Querido papai, as minhas lágrimas são iguais as que o senhor e a mamãe Vera, com a vovó Maria têm derramado por nós. Creio, no entanto, que Deus nos auxiliará e, embora inexperiente como sou, ainda peço aos três nos ajudarem com a paciência e a confiança em Jesus que nos cabe mostrar nestas horas difíceis.

Querido papai Argeu, sei que o senhor acredita que Deus nos chamou a mim e ao Dedê porque não devíamos ficar em nossa casa, mas rogo ao seu carinho não fazer esse juízo. Vejo que as suas ideias, por vezes, se concentram em lembranças de nossos entendimentos em família e noto que a sua bondade chega a admitir que o senhor e a mamãe Vera foram severos para nós, especialmente a mãezinha Vera, sempre dedicada a nossa tranquilidade e ao nosso bem.

Graças a Deus tivemos em mamãe um anjo

da guarda que nos livrou de muitos desequilíbrios e tivemos em sua presença de pai e amigo de todas as horas, sempre disposto a nos garantir em tudo aquilo de que necessitássemos para estar sossegados em nossos estudos. mamãe Vera sempre nos amou tanto que não sei em quanto poderíamos avaliar a sua maternal dedicação em meu auxílio e em auxílio do nosso Ademarzinho; o que sucede, papai, é que a lei de Deus nos emprestara tempo muito estreito para demorar-nos aí em casa com os pais queridos que o céu nos deu.

A nossa amiga de sempre, dona Luzia, nos alegrara com uma linda reunião iluminada de alegria no sítio, mas o que a lei de Deus determinara devia se cumprir.

O vovô Ademar nos explica tudo isso e confia em que o senhor, a mãezinha Vera e a vovó estarão constantes na fé, sem esmorecer. Estaremos juntos de outro modo.

Ainda não encontrei o amigo Eli, mas se encontrarem alguém dele, façam a nossa alegria, auxiliando aos familiares dele que ficaram... Ninguém teve culpa em tudo aquilo. O caminhão e o carro repleto se bateram reciprocamente e não sei o que restou. Nesse ponto, o vovô Ademar informa que a nossa família em Itaúna sabe mais do que nós.

Papai, o seu coração me perdoará se lhe transmito um pedido do vovô Ademar. Ele diz que ficará muito feliz no momento em que puder vê-lo com vovó Maria e com mãezinha Vera num abraço com o tio Murilo[94]. Diz meu avô que isso é um desejo de velho que ama a todos os seus entes queridos. Tudo será quando Deus permitir.

Querida mãezinha, agradeceremos sempre, o Dedê e eu, os seus conselhos de mãe e agradecemos ao papai e à vovó Maria por tudo de bom que sempre nos deram. O Ademarzinho, o Léo e a Cristiane, com dona Luzia, estão todos reu-

---

94   Murilo – tio dos meninos, filho de Ademar Gonçalves de Souza

nidos comigo ou eu com eles, num lar de muito reconforto e confiança em Deus.

Vovó Maria, seu neto lhe tem muito amor e pede a Deus para que o seu carinho esteja sempre abençoando e protegendo os meus queridos pais.

E aqui vou terminar. Recebam, a querida vovó, a querida mãezinha Vera e o querido papai Argeu muitos beijos do neto e filho reconhecido com muitas saudades, mas com a certeza de que Jesus nos fará sempre fortes e sempre felizes.

Marco Antônio
22 de agosto de 1981

Quase um ano após esta data, no dia 03 de julho de 1982, foi a vez de Dedê manifestar-se.

2ª MENSAGEM
(de Ademar Argeu)

QUERIDO PAPAI ARGEU E querida mãezinha Vera.

O Marquinho[95] e eu lhes pedimos para que nos abençoem.

25 de junho! 365 dias de saudades, mas também de fé renovadora.

A nossa irmã e orientadora dona Luzia[96] nos trouxe para informá-los, extensivamente à vovó Maria[97] e a todos os nossos, que estamos na escola aprendendo com proveito. O Marquinho, a Cristiane[98] e o Leonardo[99] comigo somos parte da turma de estudantes com excelentes companhias.

Pai, rogamos ao senhor esquecer o caminhão daquela hora. O irmão Eli[100] está sob amparo de

---

95 Marquinho – irmão de 12 anos, falecido no mesmo acidente
96 Dona Luzia – condutora do carro
97 Dona Maria – avó encarnada
98 Cristiane – 14 anos, filha de dona Luzia, desencarnada no acidente
99 Leonardo – 9 anos, filho de dona Luzia, desencarnado no acidente
100 Eli – motorista do caminhão

benfeitores que não conhecemos. E nós estamos em casa com o vovô Ademar[101], embora do ponto de vista de colégio estejamos sob a direção de dona Luzia.

Temos estado um tanto apreensivos com os seus estados de depressão.

Papai, o senhor e a mamãe Vera sabem que os amamos, assim com esse cuidado de não vê-los em sofrimento? Não queremos tê-lo acabrunhado como se fosse um companheiro vencido.

E os meninos de Itaúna, que estão esperando por nós? Se temos boa vontade para carregar os livros e suportar as disciplinas das carteiras aqui é porque temos a esperança de ver os pais queridos associados na proteção às crianças desvalidas.

Às vezes o senhor fica pensando que estaríamos ainda aí se não tivéssemos carro à nossa disposição, mas isto é uma ideia que não deve persistir em nossa cabeça. Os chamamentos de

---

101 Ademar Gonçalves de Souza – avô desencarnado a 03 de maio de 1980

Deus são convites da verdade e do amor. É possível que se não tivéssemos automóvel para o passeio até a chácara, muito dificilmente haveríamos de alimentar qualquer ideia de servir aos pequeninos desprotegidos e tristes.

O carro foi o meio de que Jesus se utilizou para trazer-nos à Vida Espiritual e a nossa volta para a casa do vovô Ademar teve um monte de vantagens, porque o senhor e mamãe começaram a refletir nos doentes, nos sofredores, nos desamparados e nos irmãos de nossa idade, minha e do Marco, que nada possuem para aguardar a refeição de amanhã.

Papai, o senhor não fique aborrecido com o seu Dedê se eu lhe pedir uma nova bênção? Se estivéssemos aí, o senhor suporia que me dispunha a esperar por mesada maior, mas agora os nossos pedidos são diferentes. Aqui tem tanta gente, mas só gente boa que pode ouvir um filho dialogando com o pai que ama tanto. Se puder atender-me, querido papai Argeu, perdoe-me, mas não procure esquecimento no conteúdo de frascos que não são de remédios. Não quero falar nome de rótulos que vemos por aí, às vezes, quase anunciando perigo e doença, conquanto não falem isso. O senhor compreenderá seu filho.

O senhor um dia falou para mim e para o Marco que não devíamos fumar e nem beber outro líquido que não fosse água pura. Lembro-me do conselho e creia que seguiríamos todas as suas instruções, se aí estivéssemos. Já sei que o senhor me desculpa e isso me consola.

Quero vê-lo feliz com a mãezinha Vera, com a vovó Maria e com todos os nossos.

Querido papai Argeu, se eu estiver incomodando ao senhor, esqueça o que eu disse, porque eu confio no senhor tanto quanto confiamos aqui em Deus. Agora, o Marquinho e o nosso pessoal lhes enviam muitas lembranças. E eu vou terminar, com o auxílio do vovô Ademar, reunindo o querido papai Argeu e a querida mãezinha Vera em meu coração. Muito amor e gratidão do seu filho de sempre.

Ademar Argeu (Dedê)

Nota: enviamos muitos beijos para os nossos irmãos gêmeos pequeninos Marco Ademar e Vera Lúcia[102], que não tivemos tempo de conhecer aí.

Sempre carinhosamente,

Dedê
03 de julho de 1982

---

102 Marco Ademar e Vera Lúcia, casal de gêmeos nascido depois do acidente

O MENINO E A BOLA

Ademar Argeu é o dono da bola
Sabe usá-la como precisa, isto
desde os primeiros passos. Entendem-se:
Ele e a bola. São amigos inseparáveis.
De brincar em brincar, virou craque.
O mais novo craque da cidade.
São íntimos. Ele e a bola.
Que seja, portanto, o nosso símbolo
neste Ano Internacional da Criança.
Que ele seja imitado, praticando
esportes... pois, talvez, pelo
esporte será possível encaminhar
os nossos garotos de hoje para
os dias sombrios de amanhã.

Ademar Argeu é filho do
senhor Argeu Gonçalves Andrade e dona Vera.

"Folha do Oeste" – Jornal de Itaúna.

PEDRO LUIZ GALVES

DADOS BIOGRÁFICOS

PEDRO LUIZ GALVES, NASCEU em São Paulo, no dia 17 de maio de 1957, primeiro filho de Anastácia Guglielme Galves e Pedro Miguel Galves.

Jovem alegre, tinha muitos amigos e gostava de esportes. Trabalhava no Departamento de Serviços Viários de São Paulo como estagiário de engenharia de tráfego e cursava o 3º. Ano da Faculdade de Engenharia São Judas, quando adoeceu, vindo a desencarnar no dia 17 de agosto de 1981.

A mensagem que enviou a seus familiares, um ano após sua morte, foi portadora de conforto e esperança e um marco decisivo em suas vidas.

De formação católica, dona Cecina[103] já frequentava reuniões espíritas na casa de sua cunhada dona Carminha Latorre; porém, necessitava de alguma prova que trouxesse confiança a seu coração. Eis o depoimento de sua experiência:

---

103 Tratamento recebido por dona Anastácia de seus amigos.

DEPOIMENTO

SERÁ QUE EXISTE MESMO outro mundo? Queria uma prova de que só eu soubesse, para que pudesse acreditar que um dia voltarei a vê-lo. Queria ir a Uberaba, ver o Chico, quando da data de um ano da morte de meu filho. Nunca comentei nada com ninguém, mas no fundo vivia sofrendo pela dúvida.

Assim, fui até lá e tive o testemunho de que necessitava. Emoção como a que senti nessa madrugada, só quando meus filhos nasceram. A mensagem foi muito completa e tocou a todos os presentes, pois choraram. Hoje vivo feliz, pois criamos novo ânimo de viver: estamos mais equilibrados. Quando leio a mensagem é como se estivesse conversando com ele. Tenho a certeza e esperança de que vamos nos encontrar algum dia. Reencarnação e comunicação entre espíritos e homens são agora uma realidade para nós.

Anastácia Galves

Mensagem

Querido papai Pedro e querida mamãe, ainda estou um tanto frágil neste recomeço de vida espiritual, mas é preciso arriscar a escrever-lhes. A tia Carminha[104] animou-me e estou pronto a trazer-lhes o coração.

Agradeço as flores de reconforto que me doaram, com tanto carinho, na terça-feira última, quando a folhinha trouxe o dezessete.

Para expressar-me com sinceridade, papai, eu nunca imaginei que me fosse permitido endereçar-lhes as minhas notícias, depois da grande mudança que atravessei. Impossível cogitar disso quando me via no amanhecer da existência, estudava, sonhava, namorava e vivia... Como prender o pensamento ao que me parecia remoto ou inútil?

Enquanto criança, adorava as palavras da

---

104 Carmem Galves Latorre, – tia paterna, desencarnada, vide mensagem neste livro

mamãe acerca de Deus. Lembro-me do respeito que ela sabia situar em meu coração e em nosso Luiz Alberto[105] para nos dedicarmos a Jesus. Depois, foi a vida, a escola, o colégio, os amigos.

Não me recordo de haver tocado em assuntos da vida espiritual com ninguém, a não ser (nessa matéria), a conversar, com o respeito que em casa aprendia a tratar as pessoas, fossem elas quem fossem. Com tudo isso, a doença veio, assim, à maneira de uma dor pequenina que a gente afasta com o milagre dos comprimidos. Em seguida, surgiram os sintomas desagradáveis. Logo após vieram os médicos e os exames. Aquilo tudo parecia não ter fim. Remédios e mais remédios para um rapaz que vendia saúde.

Às vezes sentia-me acanhado de confessar-me doente. Não estimava os gestos de simpatia demasiada para comigo e admitia que andavam exagerando...

Mas a querida mamãe passou a conhecer

---

105 Luiz Alberto – irmão

comigo aquele noite-a-noite, com os tranquili-
zantes que não nos tranquilizavam. Perdi peso,
perdi o contato com a satisfação nos passeios
comuns, estranhava os amigos e via nos olhos
deles o espanto que lhes causava...

Notava o Luiz preocupado comigo. Por quê?
Estava bem, quando ignorava que estava bem
mal com a saúde em processo de agastamento.
O quarto era agora a minha residência na residência, o leito o meu ponto fixo.

Passei a observar o meu estado em seus olhos,
papai, e alarmei-me. Perguntava e ninguém sabia o que me acontecia, até que me rendi. Era
impossível suportar tantas picadas de injeções e
aceitar o tormento dos exames que me seguiam...

Chegou aquele agosto difícil... Já não conseguia respirar como antes. Cansava-me até mesmo no fato de articular uma palavra. Devia estar pálido, terrivelmente abatido, porque junto
de mim, queria apenas os mais íntimos. Mamãe,
na figura da paciência, era o anjo e a enfermeira.

Até que o domingo apareceu. Era um domingo repleto de expectação, todos falavam em voz baixa. E eu lutava com todas as minhas forças para respirar sem sacrifício. A noite passou ou ficou, não sei bem...

Parece-me que foi nessa noite de domingo que escurecia a segunda-feira que vi a tia Nena[106] vagamente perto de mim... Quis conversar com ela, falar ao tio Chico[107] e as forças não davam para isso. Penso que eu devia estar morto, conforme o que se pensa da morte...

Observei sem parecer que observava que a mamãe se afastava com a tia Nena para outro quarto, mas os meus olhos estavam diferentes. Não mais vi paredes, nem objetos. Minha visão se ampliava e no corpo a desmontar-se ou fora dele, vi-me ao lado da mamãe e da tia Nena, com o senhor mesmo e com tio fazendo uma oração, em que meu nome era pronunciado... Voltei-me

---

106 Encarnação Blasques Galves – tia
107 Francisco Galves – tio paterno

para a retaguarda e vi a tia Carminha sentada a me sorrir...

Tia Carminha? A lucidez não me abandonara. Tia Carminha não era mais nossa. Partira para Deus.

Outra senhora, semelhante a ela mesma, se aproximou de mim.

Tremia. Ignorava em que situação me encontrava e tentei recuar sem meios de fazer isso. Foi a tia Carminha quem se ergueu e veio a mim, dizendo:

"Pedrinho, você com medo? Por quê? Não nos conhece mais?"

Aquele olhar dela me envolveu e caí nos braços com que a tia me esperava... Então, compreendi tudo e chorei muito...

Então era preciso morrer quando mais vivia? Era necessário afastar-me da família para avançar no desconhecido quando estudara tanto para adquirir as qualidades com que pudesse servir com mais segurança? Por que deixar meus pais e meu irmão quando os amava tanto? Quisera tanto encontrar o tempo de fazer a minha própria casa e cultivar as alegrias de um pai feliz de filhos felizes!

Tia Carminha colocou-me em seu colo, depois, de sentar-se novamente e me disse:

"Pedro, nada mudou. Estaremos juntos, também sou mamãe pelo coração e Deus nos protegerá..."

Aqueles meus soluços e indagações me haviam fatigado e aceitando a bondade da tia dormi e fui transportado para o lugar repleto de alegrias e saudades de onde regresso para dizer-lhes que estou bem, conquanto, sob a vagarosa transfiguração a que nos vemos compelidos por aqui.

Papai, perdoe-me se lhes conto o que sucedeu. Creia que lhes digo a verdade. A morte é uma transformação de vida externa. Sei que é assim porque o coração de seu filho é seu e sempre o mesmo.

Agora já conheço outras pessoas queridas. A vovó Dolores[108], que se parece com a tia Carminha como se fossem irmãs gêmeas, a vovó Ana[109] e outras afeições.

Não posso escrever muito mais. Estou com as lágrimas de alegria e de sofrimento ao recordar tudo, tão completamente tudo, como foi em meu primeiro dia.

Pai amigo, agradeço por tudo. Mãe querida, sou e serei sempre seu filho. Querido Luiz Alberto, não o esquecerei. Lembre-me vivo. Não me recordem na feição com que me deslanchei do corpo doente que eu não suportava mais. Saibam que os amo. Isso para mim é tudo. Não tenho ideias outras senão estas, informá-los de que continuo vivendo e que tudo farei para lhes ser útil.

Lembranças e lembranças a todos. Aos pais queridos, todo o carinho encharcado de saudade

---

108 Dolores Sanches Galves – avó paterna, falecida a 19 de setembro de 1942
109 Ana Guglielme – avó materna

do filho que lhes agradece e pede a Jesus recompensá-los pela vida feliz que me deram e pela esperança que ainda hoje me acendem no coração.

Sempre o seu filho e companheiro, sempre grato,

Pedro Luiz Galves
20 de agosto de 1982

PEDRO RUFINO

Dados Biográficos

Pedro Rufino nasceu a 28 de maio de 1926 em São Paulo-SP. Casou-se com Adelina no dia 02 de maio de 1953, com quem teve cinco filhos. Desencarnou após um aneurisma cerebral no dia 19 de agosto de 1980.

Católico por criação, teve contato com o espiritismo pela primeira vez quando seu filho Domingos recebeu uma mensagem psicografada por Chico Xavier, de um amigo falecido em acidente. A partir de então, se interessou pela figura de Chico, mas, não pela doutrina espírita.

No dia de seu enterro, 20 de agosto, Domingos foi acometido por uma crise de transtorno e desejou desde então receber uma mensagem de seu pai. Veja como esta expressão de vontade articulou-se:

DEPOIMENTO

NA IMENSA DOR QUE senti apela perda de meu pai, o pensamento de que este contato poderia ser realidade foi um autoconsolo. Logo insisti para que meu tio Santiago, irmão de papai, fosse comigo a Uberaba. Tinha tanta fé de que entraria em contato com ele através de uma mensagem que, alguns dias antes da viagem, preparei uma pasta de documentos de meu pai para guardá-la.

Exatamente seis meses após o dia de seu enterro, a 20 de fevereiro de 1981, ele manifestou-se. Havia muitas pessoas e eu estava emocionado; conheci Chico pessoalmente nesta ocasião. Ele comentou que era uma bela data, pois, era também o dia do aniversário de meu avô. Eu estava surpreso e feliz: creio até ter visto meu pai enquanto Chico psicografava.

A certeza de que papai continua vivo transborda dentro de mim e estou convicto de que ainda teremos outros contatos objetivos.

Domingos Rufino Benegas

Mensagem

Domingos, meu filho, Deus o abençoe.

Venho ao encontro de seu coração de filho para dizer-lhe que o pai amigo continua vivendo.

Vejo nosso Santiago[110] ao seu lado e agradeço ao irmão amigo o carinho com que o acompanha. Ainda não estou habituado ao processo de escrever com rapidez para ganhar tempo e, de certo modo, me reconheço acanhado neste ambiente de salão festivo, embora saiba que estou à frente de corações amigos, capazes de me oferecerem as condições necessárias para estas ligeiras notícias. Filho, sou grato ao seu carinho, buscando-me a presença ou a memória, a fim de colher algum sinal de que continuo vivendo... Compreendo. Tudo foi tão rápido em minha despedida compulsória que não dispus de tempo a fim de me entender com vocês, os

---

110 Santiago Rufino Cano – irmão

filhos queridos e com a nossa querida Adelina[111], a companheira que sempre viveu e continua vivendo para nós.

Filho querido, você está ainda quase menino, tantas são as experiências que se fazem necessárias para que um jovem se faça homem feito; entretanto, é a você mesmo a quem devo pedir paciência e cuidado no reconforto de sua mãe e no apoio aos seus irmãos, os nossos queridos Pedro Luís, o José Carlos, o Oswaldo[112] e a nossa querida Encarnação[113], que ainda são flores no jardim de nossa casa.

Custei muito a aceitar aquela intimação da morte, que me arrebatou ao convívio da família com tanta violência. Entendi, na asfixia que se me abatera sobre o peito, a chegada do instante mais difícil de tolerar...

Quis falar, movimentar-me, comandar meus

---

111 Adelina Benegas Rufino – esposa
112 Pedro Luís, José Carlos e Oswaldo Benegas Rufino, filhos – Pedro Luiz e José Carlos são gêmeos
113 Encarnação Rufino Benegas – filha

impulsos, no entanto, uma força vigorosa me continha, qual se me vestisse inexplicavelmente com certa armadura de ferro que me imobilizava qualquer desejo de me expressar, tentando socorro ou procurando socorrer...

Diga à nossa Adelina da luta de pai em que me vi de um instante para outro no sofrimento do esposo que não conseguia o menor impulso para explicar-se... Depois daquele estranho pesadelo em que vocês todos estavam no quadro de meus pensamentos enfermiços, com muita dificuldade me reconheci nos meus próprios raciocínios, mas me observava à maneira de um pássaro que caísse no refúgio em que achava, abatido ou semimorto...

Vi figuras que se movimentavam à minha frente, até que dentre todas reconheci meu pai Domingos[114] a me estender os braços.

Então, a morte era tudo aquilo que eu não esperava e que se traduzia por uma transferência de casa endereçando-nos para afeições que

114 Domingos Rufino Peinado – seu pai, já falecido

supúnhamos perdidas para sempre? Você, meu filho, e o nosso Santiago avaliarão como chorei, misturando a alegria de rever meu pai, a tia Encarnação[115], a benfeitora Josefa[116] e a mãe Tereza[117], ao mesmo tempo que a dor me tomava de assalto, em me recordando que teria agora as saudades de vocês comigo, para todo o tempo em que estivermos separados.

Não sei se você poderá entender tudo o que anseio dizer, mas o nosso caro Santiago esclarecerá o seu coração de rapaz. Auxilie-me com a sua paz no dever cumprido. Não deixe a mamãe Adelina sem o seu apoio e ensine aos irmãos como se deve comportar, diante de um coração maternal, que tem vivido unicamente para nós. Meu filho, perdoe seu pai se lhe peço tanto!

---

115 Tia Encarnação – poderiam ser duas pessoas, ambas já falecidas: a madrinha de casamento, Encarnação Enéas Rufino ou a sogra, Encarnação Rufino Bejar

116 Josefa Montes – já desencarnada, mãe de Antonio Montes, tio de sua esposa Adelina

117 Tereza Cano Marin – sua mãe, já falecida

Julguei que envelheceria na Terra, seguindo os filhos queridos na formação do futuro, mas os desígnios de Deus foram diferentes. Confie em nossa fé.

Por maiores sejam as tentações para vantagens longe da família, enquanto perdurar a situação de vazio em que a nossa casa se vê, continue amparando a sua mãe e aos nossos. Há momentos em que, no mundo, os filhos se transformam simbolicamente em nossos pais.

Meu pai Domingos me auxilia a escrever e me lembra que devo terminar.

Filho, agradeça ao tio Santiago por mim, em casa abrace a mamãe Adelina com o amor que Deus nos permitiu cultivar. Muito carinho aos seus irmãos e, porque não disponho de mais tempo para escrever, receba a bênção de meu coração agradecido com muita confiança e com toda a dedicação do papai.

Pedro Rufino
20 de fevereiro de 1981

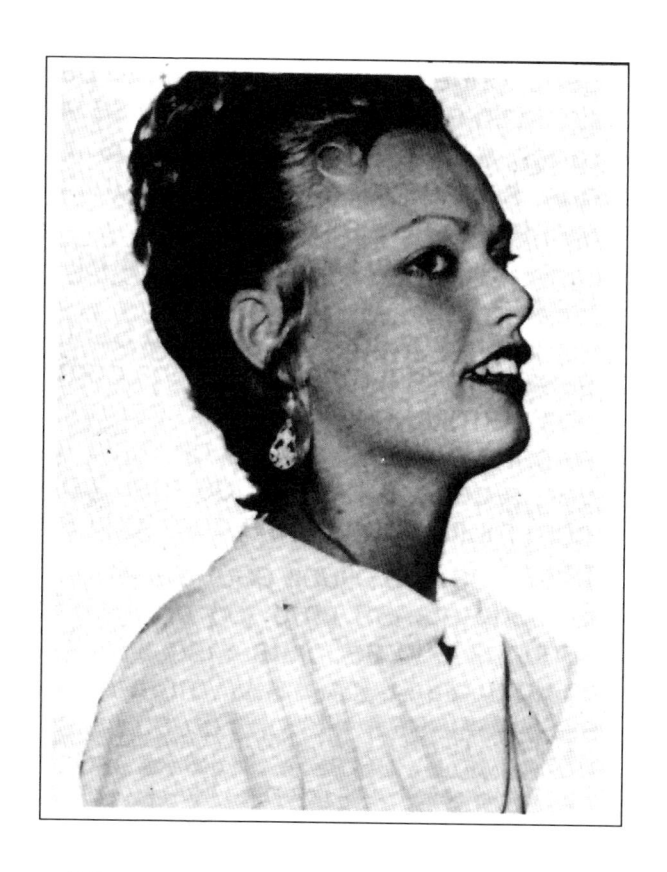

VIRGÍNIA MARIA SALES NOGUEIRA

Depoimento

Após tão inigualável presente, que sei não o mereço, saí da passividade em que me encerrava e parti, com dificuldades, para redimensionar a minha vida no sentido de torná-la algo útil aos meus semelhantes e compreendi que quem sabe por este caminho, se não conseguir experimentar em termos pessoais a mesma felicidade quando com minha esposa na Terra, possa levar um pouco de ânimo e alegria a outras pessoas com as quais terei oportunidade de conviver...

Quanto à autenticidade da mensagem, injusto seria pretender dar realce a qualquer frase ou parágrafo. Todos mostram nitidamente um estilo definido, com caracteres personalísticos, fortíssimos, facilmente identificáveis; lembrarei o trecho em que Virgínia refere-se quanto à "organizar-nos de tal modo que a vó Adélia passasse à nossa companhia..." – esta era uma meta reservadamente nossa.

Edilberto Alves e Silva

MENSAGEM

QUERIDO PRETINHO[118],

Meu querido, que Deus nos fortaleça. Venho ao teu encontro, não para frustrar-lhe as excursões do momento. Já sei. A dor foi imprevista e grande demais para que você não se sentisse acabrunhado, embora não vencido pelas circunstâncias. Peço-lhe calma. Estou em companhia da Valéria[119], que me recebeu com o encanto de alma em cuja beleza a querida irmã sabe viver. Surpresas foram muitas. Novidades são as maiores.

Entretanto, no momento, temos um só objetivo: trazê-lo ao refazimento espiritual. Não se detenha no quadro que a vida nos pede esquecer. Fevereiro não está em maio e, para atingirmos as presentes esperanças de maio, foi preciso atravessar o fevereiro que já foi arquivado nas prateleiras das horas.

---

118 Pretinho – tratamento habitualmente dedicado ao esposo Edilberto Alves e Silva
119 Valéria – irmã de Virgínia, já falecida

Querido esposo, as nossas aspirações eram realmente muito grandes, controlar as situações, formar uma família bonita e robusta. Organizar--nos de tal modo que a vó Adélia[120] passasse à nossa companhia, economizar força para o trabalho em que você sempre se destacou e, depois, envelhecermos devagarinho, embalando netos que nos viessem dos filhos queridos que não chegamos a ter...

Nossos sonhos se modificaram, mas a nossa ligação espiritual é sempre a mesma. Não suponha que nada aconteceria se houvéssemos ficado em casa de nossa Fátima[121]. A nossa conta devia ser aquela e não podíamos faltar ao resgate. Agora, querido companheiro, é levantar a fronte para o céu e caminhar adiante.

Sou muito agradecida à vovó Adélia, à mãezinha Ana[122], ao papai Daniel[123], à nossa Selene[124]

---

120 Vó Adélia – avó materna das duas, residente em Fortaleza – Ceará
121 Fátima – cunhada de Virgínia, irmã do esposo, Edilberto
122 Mãezinha Ana – genitora de Virgínia e Valéria, filha de dona Adélia
123 Papai Daniel – genitor de Virgínia e Valéria.
124 Selene – irmã mais nova de Virgínia e Valéria

e a todos os irmãos queridos, e à nossa Fátima, pelo bem que nos fizeram e continuam fazendo e peço a você, quando possível, recolocar-se em nosso recanto, onde viveremos de modo diverso. Você está muito jovem para ficar sozinho. E aqui nossos sentimentos se ajustam à lógica. Se não posso continuar na posição de esposa, quem sabe? Poderei, talvez, sentir-me, se você assim me permitir, na condição de nova mãe para você. Deus nos auxiliará a encontrar quem me tome o lugar a fim de auxiliá-lo em nossas vivências.

Aí no mundo físico, que ninguém me falasse de semelhante transformação, porque o amor no casal que se dedica à lealdade completa, é paixão emoldurada em ternura incessante. Você sempre foi eu mesma, e eu fui você, tamanha a nossa integração um no outro, mas a liberação do veículo físico não me arrasou os sorrisos de esperança, mas me impeliu a pensar...

Preciso vê-lo mais tranquilo, mais nós mesmos. Noto que a sua vigília e o seu sono são uma busca estraçalhada de pranto. Compreendo. Nós não chorávamos e, sobretudo, sei que um homem do seu caráter não tem lágrimas a perder, no entanto, os seus pensamentos me procuram e ouço-lhes as perguntas do silêncio, como se as nossas mágoas tivessem voz. Por isso, entendo que a dor é nossa, mas você não é homem de se abater diante dos obstáculos.

Reformulemos o caminho. É preciso um grande esforço para realizar essa química de transfiguração na vida interior, mas já fiz a que me cabia efetuar. Minha afeição se alterou de tal maneira que a sua dor, com mais intensidade, dói por dentro de mim.

Querido Pretinho (Pintinho) do meu coração, não julgue esteja a sua Virgínia desmemoriada ou indiferente. Não é isso. Agora reconheço que o nosso amor é a ligação autêntica, formada pelas leis de Deus. Amarei aquela que você encontrar para prosseguir na construção da nossa felicidade. Tê-la-ei por filha, já que separada de você, por forças da vida, mas sempre unida ao seu coração pelas bênçãos de Deus, nada dissolverá os vínculos espirituais que nos envolvem.

Valéria e eu receamos que você não suportasse o golpe que nos foi imposto, naturalmente, para nossa maior felicidade no futuro e oramos com fervor, rogando à nossa Mãe Santíssima nos afastasse de qualquer provação no sentido a que me refiro, pois não concebemos qualquer ideia de deserção em seu espírito nobre e correto de homem de bem. Abra o seu íntimo à fé em Deus e aguarde a passagem dos dias...

Nosso lar será reconstituído e seremos amparados na reconstrução de tudo o que representa a nossa alegria e a nossa razão de ser. Quando julgar oportuno, volte à nossa casa e abra as portas à luz da vida. Converse com a nossa Fátima e escute-lhe os pareceres. Aproximar-me-ei da querida irmã de modo a inspirá-la, pois sei que ela me aprovará as esperanças.

Querido meu, conduza aos nossos a mensagem de minha vida nova e recorde-me sempre viva ao seu lado. Em você e com você a alma toda de sua Virgínia.

Virgínia Maria Sales Nogueira
15 de maio de 1982

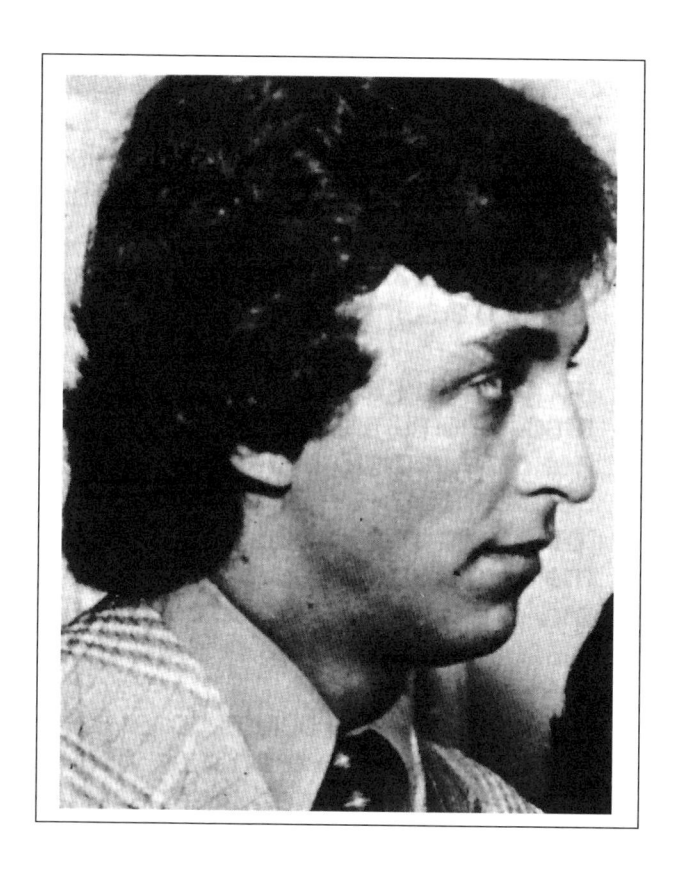

MANOEL FRANCISCO NETO

Dados Biográficos

Manoel Francisco Neto, filho de Nair Bello Souza Francisco e Irineu Souza Francisco, nasceu em Santos-SP, a 11 de outubro de 1955 e desencarnou em 14 de dezembro de 1975, com 20 anos de idade, vitimado num acidente de automóvel que ele mesmo dirigia, de encontro a uma árvore na rua Eng°. Edgard Egídio de Souza, próximo à sua residência, no bairro do Pacaembu, São Paulo. O acidente ocorreu na madrugada do dia 9 de dezembro. A família de Manoel preparava-se para passar as festas de Natal e Ano Novo em Limeira, como era de costume, junto aos familiares de seu pai que lá residem.

A mensagem que enviou no dia 3 de junho

de 1977 veio iluminar a família e renovar a fé da aceitação plena da continuação da vida, da imortalidade da alma, da comunicação dos espíritos. Eis o depoimento da experiência vivida pelos pais de Manoel:

DEPOIMENTO

VENDO CHICO XAVIER COMEÇAR a ler a mensagem que o vimos psicografando por longo tempo, uma incrível sensação tomou conta de nós. Uma graça estava sendo alcançada.

Diversas vezes tínhamos ido a Uberaba e participado das reuniões semanais e, como a grande maioria dos pais que lá comparecem, tínhamos também a esperança de uma comunicação. Sabíamos que esta ocorreria somente quando houvesse condições e oportunidade necessárias ao plano espiritual, como costuma dizer Chico Xavier, "esse telefone só funciona de lá para cá".

Sentimo-nos felizes em vê-la publicada aqui, como continuação de um trabalho de divulgação, pois ela é uma renovação de fé e esperanças.

Nair Bello e Irineu Souza Francisco

MENSAGEM

QUERIDA MAMÃE, MEU PAI, este é o momento do Mané criança e preciso pedir a bênção. Não sei muito como escrever aqui. A sala iluminada, muita gente, e o menino aqui, lembrando as provas do colégio. Se a memória não estiver funcionando corretamente, já sei que não consigo o que desejo. Acontece, porém, que tenho bons amigos, auxiliando-me a grafar esta carta.

Creiam vocês, a rapidez da escrita, o tipo da letra, em grande parte pertencem a eles, à vovó Maria[125] e ao nosso amigo Dr. Trajano[126], mas o que escrevo, o que passo nas linhas caprichosas do lápis não é cola nem sopro de outras inteligências.

Mãezinha, é hora de chorar com vocês e afir-

---

125 Maria da Piedade Francisco – bisavó paterna, nascida em Portugal e desencarnada em Limeira, em dezembro de 1955, um mês após Manoel haver nascido

126 Dr. Trajano de Barros Camargo – cidadão benemérito da cidade de Limeira, onde fundou a primeira indústria lá existente. A rua principal e o Colégio Industrial de Limeira levam o seu nome

mar que os sentimentos são meus mesmo, são de seu Manoel caladão, enfeitado de tantas ideias próprias e de tantas teimosias que fui até onde a rebeldia e a falta de comunicação me levaram.

Já sabemos de tudo. Papai foi mais forte, naquele dezembro que estourava com a nossa certeza de uns dias de recreio e bons papos com os nossos de Limeira, quando você, mamãe, fazia tantos planos diante de nós, para ver se descansava de suas lutas no trabalho, eis que o Mané não achou a pedra no caminho, mas encontrou um tronco forte que me pôs a cabeça incapaz de pensar.

Mãezinha e meu pai, eu fiz tudo para levantar o corpo, mas eu creio que o choque me alterou a circulação. Não estamos na hora de saber se rebentei alguma artéria importante ou se abri torneiras de sangue na cabeça intracrâneo (vamos criar uma palavra que me ajude a recordar), mas o que é certo é que sou trazido até aqui para consolar-nos, uns aos outros.

Erguer-me não pude, falar muito menos, tive apenas a sensação de que caía num sono contra minha própria vontade. E creiam vocês dois que pensei em ambos do mesmo modo que pensei em Deus naqueles momentos em que me apagava devagar. Tanto desejo de sair, buscar algum telefone e contar que fora vítima de um acidente.

Mamãe, isso tudo eu pensei com tantas saudades de você. Naquela hora precisava de sua alegria e de sua palavra para suportar o tranco, mas sem saber rezar, em silêncio pedi a Deus nos abençoasse e não deixasse você e meu pai acreditarem em suicídio. Às vezes, o Mané casmurro que eu era, falava em mundo difícil de aguentar e fazia alguma referência que pudesse dar a ideia de que, algum dia, ainda forçaria o portão de saída da Terra.

Mas estejam convencidos de que o carro deslizou sem que eu pudesse controlá-lo. A visão não estava claramente aberta para mim, porque sentia em torno uma névoa grossa e a manobra infeliz veio fatal e com tamanha violência que a ideia de suicídio não devia vir à baila.

Isso tudo, eu compreendi muito depois, porque naquele instante eu estava pensando em Natal e em nossa viagem a Limeira. Não sei se recordam que eu demonstrava uma certa indecisão entre acompanhar a família ou ficar em nossa casa. Mas isso tudo era só de mentirinha porque, no fundo, eu queria seguir com todos.

Mas eu que, às vezes, falava na morte, não sabia que ela me espreitava assim tão perto. Caí sem querer, num sono violento no qual me pareceu estar num poço muito profundo, à espera de que me libertassem, conquanto não me fosse possível gritar por socorro. Por fim, sonhei, como num pesadelo, que me carregavam para o hospital e escutei, mamãe, o seu choro abafado. As vozes baixas no sonho eram ainda mais baixas. Senti o cheiro de remédios e escutei o ruído de instrumentos como se penetrando em meu cérebro. O sonho era demorado, um sonho em forma de pesadelo, daqueles que a gente quer acordar sem poder, mas depois veio o sono silencioso, como se tudo houvesse acabado, o mundo e eu.

Despertei não sei quando até hoje, e me senti à vontade, pedindo pela presença de meu pai para conversar. Queria preparar com ele um modo de atenuar os sustos em casa e sempre com a ideia fixa na viagem de Natal. Foi quando minha avó Maria e outra senhora, a quem ela deu o nome de dona Maria Angélica de Vasconcellos[127], me animaram para o conhecimento da verdade. A realidade é que eu estava completamente boiando no caos. Não conhecia ninguém.

Elas me apresentaram a dois senhores, que se identificaram como sendo o Dr. Trajano de Barros e o meu bisavô Souza[128] e depois trouxeram um sacerdote amigo e paternal que me disse

---

127 Dona Maria Angélica de Vasconcellos – segundo informações obtidas junto à família do pai de Manoel, que reside em Limeira, esta senhora viveu na cidade há muitos anos, tendo sido casada com o capitão Vasconcellos

128 Cândido Soares de Souza – bisavô pelo seu lado paterno, desencarnou em Limeira em 1939, cidade onde sempre viveu

conhecer-nos a todos. Tive a ideia de que o grupo se compadecia de minha ignorância, mas o sacerdote encontrou um caminho para abordar-me:

"Pois você, Manoel, nunca ouviu falar em casa de seu bisavô a história de Frei João[129], aquele que pretendia curar febres com o suco de limas?"

Ele perguntou com um sorriso tão luminoso e tão amigo que meu espanto diminuiu. Se eu estava vendo o frei João de Limeira, eu estava entre os mortos ou entre os vivos de outra espécie e perguntando à minha avó Maria sobre isso, com o olhar, ela me respondeu:

---

129 Frei João – Pelas indicações da mensagem, deve tratar-se de Frei João das Mercês que, segundo a história da fundação de Limeira, foi quem deu origem ao seu nome. Acompanhando uma caravana em 1871. Frei João fez questão de levar consigo grande quantidade de limas, pois na época era corrente que estas frutas preservavam aqueles que as chupassem das febres malignas. Frei João das Mercês, porém, ao chegar ao "Rancho do Morro Azul", foi acometido de violento ataque de febre que o vitimou. No delírio o religioso acusava seus auxiliares de terem envenenado a sacola de frutas. Enterraram o religioso ali perto e com ele o resto das limas. Tempos depois, perto da cruz erguida, nasceu uma limeira. E o pouso passou a chamar-se "Rancho da Limeira"

– "É verdade, meu filho, a casa de Irineu e de Nair agora é a nossa aqui para você. A morte não existe. Você apenas voltou aos seus. Tínhamos muitas saudades de você também".

Aquilo me cortou o coração. E mamãe? Ela me informou que você e meu pai, com os irmãos, estavam com a bênção de Deus e que eu não devia rebelar-me contra o acontecido. Mamãe, não adiantaria qualquer resposta agressiva de minha parte...

Então chorei como se "nunca mais" fosse a situação em que a morte nos colocava diante daqueles que mais amamos. As emoções me agravaram a condição de doente e debati-me numa febre que perdurou muito tempo. Febre em que a via alucinada de dor, com meu pai procurando reconfortá-la. Quem disse que a morte liquida tudo estava muito enganado. Nas alucinações ouvia os seus pensamentos: "O que terá você feito, filho? Manoel, conte para sua mãe a verdade! Fale se você não mais nos quis!".

E eu respondia explicando o acidente, mesmo cansado e abatido como estava via meu pai sofrer calado para não aumentar a tristeza em casa e ouvia os irmãos falando em festas de Natal e Ano Novo, com algumas pontas de ironia de quem não compreende a presença do sofrimento, nas horas em que mais pensamos em Deus.

Mas, melhorando, comecei a temer por você, mãezinha. Sua alegria parecia morta, seu coração dava a ideia de uma noite fria e sem estrelas. Você pensava se valeria a pena ficar na Terra sem seu Mané casmurro. E tanto amor extravasava de seu coração para o meu, embora as distâncias de espaço que não existem para os que se amam que, o teimoso de sempre, inclinei-me para a ideia de Deus e comecei a pedir por sua alegria e por sua vida. Papai e os nossos não poderiam ficar sem você e você não poderia vir antes do momento marcado.

Pedi e pedi tanto, que um amigo apareceu

com a vovó Maria e se identificou por Oduvaldo[130]. Era o nosso amigo Oduvaldo Viana que me disse:

– "Você pode estar sossegado. Nair é mais corajosa do que você pensa e nós vamos organizar a peça em que sempre desejei ver sua mãe mostrar o talento que lhe conheço".

Depois de algum tempo, passei a vê-la no espelho de minha visão ocupada com o teatro e Oduvaldo com muitos amigos auxiliando-a. Mãezinha, eu sabia que isso ia dar certo, porque você foi sempre a rainha do trabalho. Serviço nunca lhe deu medo e foi com muitas lágrimas

---

130 Oduvaldo Viana Filho – Autor teatral que desencarnou aos 36 anos de idade no Rio de Janeiro, deixando inúmeras obras teatrais, entre as quais "Alegre Desbum". Quando ainda era vivo, numa tarde na casa de Cidinha Campos, no Rio, Vianinha convidou Nair Bello para interpretar um dos papéis dessa peça, que ele acabara de escrever. Na ocasião, Nair não aceitou o convite e a peça foi lançada no Rio, com outra intérprete. Dois meses depois do desaparecimento de seu filho, quando maior era a sua depressão e o manifesto desejo de abandonar a vida artística, Nair foi procurada pelo diretor José Renato, que a convidou para interpretar o mesmo papel que Vianinha lhe destinara ainda em vida. A instâncias de seus familiares, Nair aceitou o convite e "Alegre Desbum" foi lançada em março de 1976, havendo permanecido em cartaz, só em São Paulo, durante 14 meses

de alegria que fui levado para abraçá-la em sua volta ao palco de paz e alegria. O trabalho diminuiu nossas penas, papai ficou mais calmo ao vê-la mais serena e toda a família reanimou--se. Perdoem-me se me estendi tanto. Não tenho pretensões de sintetizar.

Isso é para os escritores que burilam as palavras e as frases, como os ourives fazem com as pedras preciosas. Aqui, mamãe, é só o coração do filho para tranquilizá-los.

Estou bem. Estou em outras faixas e agora menos introvertido. Estou aprendendo aquela ciência em que você e meu pai sempre me quiseram bem formado, a ciência do diálogo. Estou aprendendo a sair de mim mesmo e a ouvir para responder certo. Penso que consegui o que desejava: sossegar meu pai e minha mãe, acerca do acidente de que fui vítima.

Papai está com excelentes estudos sobre a vida da alma. Quando você, mamãe, puder fazer o mesmo, isso será muito bom. Eu teria chegado aqui mais escovado se tivesse alguma preparação sobre os meus novos assuntos.

Abraços na turma toda, começando por Aparecida[131] e continuando nos irmãos[132]. Diga, mamãe, a eles todos que estou melhor e com boas notas de renovação. Desejo a todos uma vida longa e muito feliz.

Obrigado, mamãe, por seus gestos de caridade pensando em mim. Esse agradecimento é extensivo ao meu caro papai. Minhas saudações aos seus e nossos companheiros de trabalho, especialmente aos que vieram com vocês até aqui. Um abração para todos de São Paulo e Limeira e vice-versa.

Agora, peço-lhes que me abençoem com alegria. Mamãe, eu creio que principalmente você e eu já nos cansamos de chorar. Coloque a sua alegria em nossa vida como sempre. Seja sempre a nossa Nair Bella, que nós seguía-

---

131 Maria Aparecida – irmã
132 José, Ana Paula e Lula

mos atentos em tudo de bom e belo que a sua arte produz.

Meu abraço aos dois, a você e a meu pai, com um beijo do filho cada vez mais reconhecido e sempre mais filho de vocês pelo coração e com todo o coração do Mané.

Manoel Francisco Neto
03 de junho de 1977

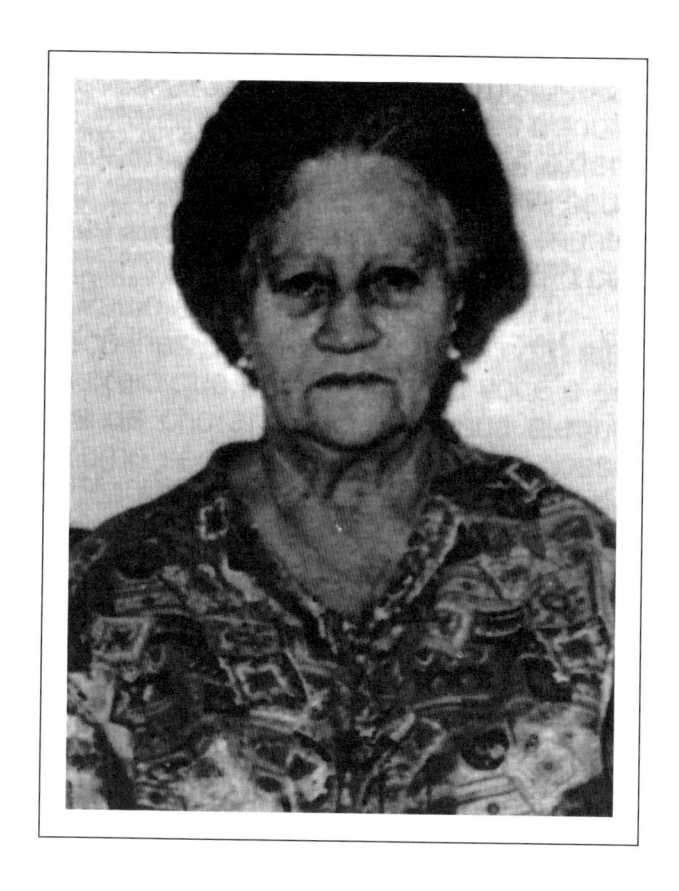

BRAZILINA ESTÉVEZ

DADOS BIOGRÁFICOS

BRAZILINA GILARDI ESTÉVEZ NASCEU no dia 7 de julho de 1895, em São Paulo, filha de pais italianos e, curiosamente, desencarnou na data em que sempre desejara: à meia-noite de um dia 1 para 2 de novembro. Era no ano de 1970 e Brazilina estivera enferma por longos meses.

Casou-se duas vezes. Do primeiro casamento, com Francisco Zanini, não teve filhos e enviuvou quando da gripe espanhola (1918). Seu segundo marido, Agapito Estévez, também havia enviuvado pela mesma causa. Tiveram cinco filhos: Manoel, Aurora, Leonor, Odette e Agapito.

Em 1978 Odette adoeceu gravemente; Leila Chama Bisca, sua filha, aconselhada por amigos e por um sacerdote da igreja católica, resolveu procurar Chico Xavier, à busca de conforto e auxílio. Ela não sabia da existência de mensagens psicografadas, pois era totalmente leiga quanto à comunicação com o plano espiritual. Além das palavras de orientação quanto à situação de sua mãe Odette, a mensagem enviada por sua avó Brazilina foi uma surpresa, um presente de vida.

Eis o depoimento que Leila presta:

DEPOIMENTO

Fomos a Uberaba para ver se conseguíamos orientação adequada de Chico Xavier e fomos surpreendidas e brindadas com a mensagem de minha avó Brazilina.

Ficamos gratificadas, encantadas e emocionadas com a pessoa que lá encontramos e especialmente gratas quanto ao carinho, generosidade e paciência de nosso querido Chico.

Leila Chama Bisca

MENSAGEM

QUERIDA LEILA E QUERIDA Dulce[133], peço a Deus nos ampare e nos abençoe. Estamos aqui, junto a vocês com a tarefa da paz. Sem dúvida, que todos nos achamos em cuidados por nossa querida Odette[134], em tratamento que demanda paciência e serenidade e a quem rogamos fidelidade às instruções médicas, no entanto, desejávamos igualmente falar à nossa Leila, de maneira a apaziguar-lhe o coração de esposa e mãe.

Nossa Odette, com a bênção dos mensageiros divinos, tem melhorado, conquanto a morosidade em que as vantagens orgânicas vão aparecendo e pedimos a vocês duas transmitirem à querida filha a nossa mensagem de esperança. Deus não nos desampara. E nossa Odette pense conosco que alegria e confiança em Jesus são também medicamentos invisíveis no mundo, reforçan-

---

133 Maria Dulce Martins Estévez – cunhada de Odette
134 Odette Estévez Chama – filha de Brazilina e Agapito

do as virtudes dos medicamentos que a ciência médica nos indica em nosso próprio auxílio. Roguem à nossa querida Odette por nós, já que o nosso Agapito[135], aqui se encontra em minha companhia, para que se refaça na calma precisa.

Que ela possa banhar-se nas vibrações da fé viva como quem se envolve, de alma toda, nas claridades do Sol. Estamos dentro da vida e com a vida, pertencemos todos a Deus que jamais nos marginaliza no desalento. Confiemos sempre.

Os céus improvisam soluções onde apenas encontramos problemas e acendem luzes onde supomos esteja unicamente a escuridão.

E quanto a você, querida Leila, quero dizer--lhe que a nossa Mércia, a nossa Maria Mércia[136] veio junto de mim, com o objetivo de agradecer--lhe quanto vem fazendo pelo nosso amigo Roberto[137] e pelos filhinhos.

---

135 Agapito Estévez Peña – marido de Brazilina – falecido em 01.11.1971
136 Maria Mércia Rodrigues Bisca – 1ª esposa de Roberto Bisca – falecida em 22.04.1973
137 Roberto Bisca – marido de Leila

Mércia roga ao seu carinho espontaneidade e confiança, sem quaisquer complexos, porque lhe haja desposado o companheiro que ficou na Terra, à espera de alguém que o tutelasse com os filhinhos queridos, a fim de sobreviver ao problema da viuvez, na mocidade física, na qual o homem-pai surpreende pesados obstáculos para suportar a vida na Terra a sós. Ela me recomenda dizer a você que a considera por irmã e benfeitora e compreende quanto amor você vem plantando no coração dos pequeninos.

A querida companheira pede-lhe para tranquilizar-se e agradece toda sua dedicação em favor do Roberto e afirma a você que a Priscila, a Joyce e a Andrea[138] são suas filhas do coração, tanto quanto o seu Robertinho[139] passou agora a ser para ela um filho de sua ternura de mãe.

Querida Leila, não se admita estrangeira no lar que Deus lhe confiou. Prossiga abraçando

---

138 Priscila, Joyce e Andrea – filhas de Roberto, do primeiro casamento com Maria Mércia Rodrigues
139 Robertinho – filho de Leila e Roberto

aquelas crianças adoráveis por anjos de carinho que a esperavam na Terra. Mércia é nossa irmã e amiga e fará tudo quanto possa, a fim de auxiliá--la em seus encargos na educação das meninas que encontram em você a continuidade da própria mãezinha.

É necessário que a paz brilhe de novo em seus pensamentos de mãe, ainda tão jovem, porquanto o esposo possui em sua compreensão e bondade a fonte de energias de que ele necessita a fim de se desobrigar dos muitos deveres a que se vê enlaçado para satisfazer ao bem de muitos. Creia. Nossa Mércia estará com você, quanto possível, para acrescentar-lhe as energias em casa e para sustentar a sua serenidade perante a vida.

Deixe que a alegria de viver e de servir se lhe faça plena no coração. A vida é um tecido de Deus em que nós todos somos fios em suas disposições divinas para entretecer a paz e a segurança, o ânimo e a força espiritual uns dos outros.

Nosso Agapito igualmente pede a Deus por sua tranquilidade, esperando que você reconheça no Roberto o protetor de sua felicidade, cujo bom ânimo para viver e lutar na conquista da felicidade doméstica, você precisa amparar sempre com o seu coração iluminado de amor e bênçãos.

Agradeço à nossa querida Maria Dulce a companhia que lhe faz e desejo dizer a ela que o avô Martins[140] está presente e lhe endereça os melhores votos de felicidade e paz, sem nos esquecermos de nosso estimado Cuca[141] para quem pedimos o amparo de Jesus, hoje como sempre.

Filhas queridas, agora devo encerrar esta carta que, a meu ver, deve ter atingido a finalidade a que me propunha: encorajar nossa Odette e tranquilizar nossa Leila que, efetivamente, se mostrava sedenta de uma compreensão mais ampla para o trato com a vida.

---

140 Avô Martins – pai de Maria Dulce – falecido
141 Cuca – apelido de Agapito Estévez Gilardi, irmão de Odette, filho de Brazilina, marido de Maria Dulce

Agradeço-lhes os pensamentos de paz e mais uma vez aqui registro as minhas orações a Deus, em auxílio à paz de nós todos.

Dulce querida e querida Leila para vocês ambas e para quantos se encontram reunidos nas faixas do nosso amor, as muitas lembranças e os agradecimentos de todos os dias, da irmã e avó que as reúne num só abraço, por filhas abençoadas do meu coração.

Brazilina Estévez
Setembro, 1978

VOCÊ PRECISA CONHECER:

Na maior das perdas

Regis de Morais
Autoajuda • 14x21 cm • 168pp.

Procurando atingir os corações de pais e mães que perderam seus filhos, este livro apresenta o conforto divino de maneira encantadora, mostrando que é possível àqueles que sofreram a maior das perdas entender as razões da lei de Deus.

Lágrimas de esperança... E a vida continua

Elaine Aldrovandi • Lisa e Clarice (espíritos)
Romance mediúnico • 14x21 cm • 168pp.

Lisa desfruta de uma vida feliz, ao lado do marido e da filhinha Nanda, o grande tesouro de sua vida. Inesperadamente, porém, ela se defronta com um diagnóstico terrível – sua filha, a doce e meiga Fernanda, está com leucemia e o prognóstico não é nada animador.

Perda de pessoas amadas

Armando Falconi Filho
Autoajuda • 16x22,5 cm • 160pp.

Neste livro o tema é sempre a morte, trazendo ao público esclarecimentos a respeito desse fenômeno natural na vida de todos nós, inclusive com espaço para perguntas específicas sobre o tema com respostas consoladoras e instrutivas.

VOCÊ PRECISA CONHECER:

Cartilha da sabedoria

Wilma Stein • Vovô Sabino (espírito)
• Ilustradora Vanessa Alexandre
Juvenil • 15,5x21,5 cm • 128pp.

Inspiradas pelo vovô Sabino, essas histórias tocam diretamente a emoção das crianças. Sendo algumas delas baseadas nas parábolas de Jesus, todas trazem ensinamentos que calam nos corações dos jovenzinhos que iniciam sua caminhada nesta escola chamada Terra.

A vida ensinou

Maria Ida Bachega Bolçone
Juvenil • 14x21 cm • 224pp.

Uma obra que nos presenteia com trinta e seis excelentes contos que poderão ser lidos e trabalhados no evangelho no lar, nas aulas de educação espírita infantil ou mesmo diariamente com seus pequenos aprendizes. São histórias emocionantes, escritas em uma linguagem fácil e agradável, que trazem ensinamentos úteis para o cotidiano de todas as crianças.

Vovô e as folhas do outono

Alcione Alves
Infantil • 21,5x15,5 cm • 32pp.

As histórias contadas neste livro pela professora Alcione Alves, ensinam e divertem a um só tempo, por seu conteúdo e sua escrita leve e saborosa. A junção com quatro ilustradores, um para cada conto, cria uma diversidade de imagens que enriquece e completa a obra.

VOCÊ PRECISA CONHECER:

Leila, a filha de Charles

Denise Corrêa de Macedo • Arnold de Numiers (espírito)
Romance mediúnico • 16x22,5 cm • 272pp.

Exercendo o livre-arbítrio que todo espírito possui, Leila fez suas próprias escolhas e agora teria que arcar com suas consequências. Acompanhando o esforço de Charles para transformar o caráter de Leila, compreendemos que o ser humano só se transforma quando realmente sente a necessidade de mudar.

Obstinação

Wanda A. Canutti • Eça de Queirós e Charles (espíritos)
Romance mediúnico • 16x22,5 cm • 352pp.

A professora Wanda Canutti (1932-2004) e o espírito Eça de Queirós já nos presentearam com grandes romances, como *Getúlio Vargas em dois mundos*. Agora a dupla nos apresenta *Obstinação* contando a história de Ingrid, espírito determinado que age com paixão em tudo que se dispõe a realizar.

O labirinto das reencarnações

Beatriz Aquino • Acácio dos Anjos (espírito)
Romance mediúnico • 14x21 cm • 272pp.

Ametista vê sua família desaparecer em uma floresta sinistra... Teria ela alguma relação com isso? Passados anos, seu esposo, Cândido, conhece um sábio senhor chamado Léon, quando começam a surgir as manifestações de espíritos, na França do século 19... Seria a reencarnação o caminho para eles superarem seu ódio e seus erros do passado?

VOCÊ PRECISA CONHECER:

Os animais na obra de Deus

Geziel Andrade
Estudo • 14x21 cm • 272pp.

A visão espírita sobre os animais enaltece a obra de Deus. Através deste livro, Geziel Andrade reúne e analisa as amplas informações sobre o assunto, permitindo que o mesmo passe com muita facilidade pelos crivos da razão, da lógica e do bom-senso, tal qual preconizava Allan Kardec.

O evangelho de Judas

José Lázaro Boberg
Estudo • 14x21 cm • 208pp.

Um trabalho audacioso onde José Lázaro Boberg faz uma análise crítica da vida de Judas Iscariotes baseando-se nos recém-descobertos escritos denominados evangelho de Judas. O autor reflete sobre o verdadeiro papel deste apóstolo na passagem de Jesus pelo planeta Terra. Afinal, Judas é um traidor ou um herói?

Educação com sabor de eternidade

Lucia Moysés / Autores diversos
Educação espírita • 16x22,5 cm • 240pp.

Lucia Moysés reuniu trabalhos bem-sucedidos de educadores espíritas junto a crianças e jovens. Neste livro, ela apresenta a pioneira experiência de evangelização para bebês, mostra os movimentos para além dos muros da casa espírita e os recursos da tecnologia que se constituíram em ferramentas destes educadores.